大倉幸宏
okura yukihiro

100年前から見た21世紀の日本

大正人からのメッセージ

新評論

はじめに

現在の日本は戦前の日本と似通っている。平成時代は大正時代と酷似している——

昨今、こんな声をよく耳にする。バブル景気に沸いたあとに長期不況に見舞われたことや、大震災が発生したことなど、個々の事象を照らしあわせていくと確かに似ている部分が多いと言える。とはいえ、一時代を丸ごと準《なぞら》えて論じるのには当然のごとく無理がある。「歴史は繰り返す」という言葉はあるものの、時代がそのまま再現されることはない。

特定の時代を切り取ってその年表を現在に重ね合わせることはできないが、歴史の推移を長期的に見据えると、その流れに類似性を見いだすことはできる。日本の近代について、明治から大正、昭和へと至る時代の移り変わりを、大雑把に「混乱期」から「発展期」、そして「安定期」への移行と捉えると、終戦から今日までの流れも同じように映る。もっとも、こうした歴史の変遷は古今東西同じようなものであり、決して特殊な歴史現象ではない。

この一連の流れのなかでは、人々の行動や心理にも同じような傾向が見いだされる。混乱期には、まず秩序の維持に重点が置かれ、その後の発展期においては、社会が大きな目標に向けて突き進んでいくことになる。ここまでの過程においては、取り組むべき大きな課題が眼前にあるため、細かな事象にはあまり注意が向けられない。

しかし、安定期に入ると、それまで看過されてきた問題が指摘されるようになり、改善を求める動きが起こってくる。と同時に、混乱期を生き抜き、発展期に奮闘してきた世代が、安定期の豊かさを享受する世代に対して、不甲斐なさやもどかしさを覚えるようにもなる。

漠然とした捉え方ではあるが、ここで言う安定期が今日の日本、そして約一〇〇年前の日本に相当する。本書では、同じ歴史的局面にあたる二つの時代を対比させながら、現在の日本が抱えるさまざまなテーマについて考えていく。その手掛かりとするのが、一〇〇年前の論者が遺した言葉である。

なお本書では、「一〇〇年前」という言葉を、大まかに大正時代（一部明治末を含む）を指す概念として扱うことを先にお断りしておく。

当時の論者らは、世にはびこる種々の問題について、各々の立場から多様な意見を述べている。特定のテーマに対して、「肯定」「否定」の立場があるのはもちろん、懐古的な心情を引きずりながら現状を憂《うれ》う者、冷静に現実を捉えて未来を見据える者と、その姿勢もさまざまだ。思いはそれぞれ異なるが、いずれの論者も読者に向けて現状を訴え、啓発を促し、進むべき道を指し示そうとしていた。

もちろん、そうした先人たちの言葉は、当時の人々に向けて発せられたものである。決して、一〇〇年後を生きる我々を意識して述べたものではない。それでも、彼らの訴えのなかには、一〇〇年を経た現在でも色褪せないものがかなり多い。現代にも通用する言葉としてストレートに響いてくるもの、反面教師として今の世の中について考える指針となるもの、あるいは時代の変遷を読み解くヒントとして役立つものなど、そこから見いだすことができるポイントはさまざまである。

本書では、先人らが遺した言葉を現代人に向けたメッセージと捉えて読み解いていく。同時に、その言葉が発せられた当時の時代背景を現在にオーバーラップさせながら、今日の日本社会について考える糸口とする。さらに、この一〇〇年で何が変わり、何が変わっていないのか。その変化はなぜ起きたのか、あるいはなぜ変化しなかったのか。そうした「時の流れ」にも思いを馳せることで、先人らの言葉をより価値あるものとして蘇生させていきたい。

まずは、一〇〇年前の論者が言葉を投げかけた人々、すなわち一〇〇年前の日本人について見ていく。彼らが何を考え、どんなことをしていたのか、そして論者らは、その姿をどのように捉えていたのかを概観する。これらを踏まえたうえで、各テーマについて当時の論者が何を訴えたのかについて、各章で具体的に見ていきたい。

ところで、本書の企画は、現在の日本を歴史的視点から捉え直すことを目的にスタートした。その際に視座を置いたのが一〇〇年前、すなわち大正時代である。先に述べたとおり、現在と一〇〇年前の日本は、大雑把に捉えると、同じような歴史的局面にあると見ることができる。世の中の風潮に類似する点を見いだせる時代を対比させることで、現在を考える手掛かりを得ることができるのではないか、との思いで先人たちの言葉を探っていった。

執筆に際しては、主に大正期に刊行された書籍、新聞、雑誌を資料として用いている。テーマごとに資料を収集し、そこから現代の日本を考えるうえで有効と思われる記述を適宜抜粋していった。記述の選択は、内容重視で行ったため、著名人以外のものも多く含まれている。なかには、詳しい経歴の分からない人物も少なくない。各人物には生没年を含め簡単な肩書きなどを付記したが、その情報量に差がある点はご了承いただきたい。

もくじ

はじめに　i

プロローグ
一〇〇年前の日本人は　3
戦争を知らない国民　4
視野の狭い日本人　6
日本人の長所・短所　9
国民性とは何か　15

第1章
働く人たちへ　17
① 働き方改革を進めよ　18
メリハリのない仕事振り　18

仕事と休憩に対する考え方 21
欧米諸国の労働者との比較 24
日本人は勤勉か 28

② 長時間労働を抑制せよ 31
工場や商店の労働者 31
労働時間の短縮 35
教員の勤務実態 38
教員が多忙となる原因 42
役人の仕事振り 46

③ 仕事に対する意識を改善すべし 50
物品を粗雑に扱う労働者 50
物を粗末にする習慣 53
情実という悪弊 56

労働者に必要な心掛け　60
失敗を避ける方法　62
④出世しても驕るべからず　66
企業幹部に対する批判　66
不正に手を染める重役　68
出世を目標にしない　71
肩書きを尊ぶ風潮　73

第2章　指導者たちへ　77

①人の上に立つ者は品性を高めよ　78
立派な人物の欠乏　78
独善的な指導者　81

人格を高める必要性　83

② 政治家は腐敗堕落から脱却せよ　87

国民を顧みない政治家　87
国会での野次・乱闘　91
出る杭を打つ風潮　94
有権者にも問われる責任　99

③ 教育者は人格を向上させるべし　103

批判にさらされる教師　103
求められる人格の修養　107
教育制度に対する批判　111

④ 教育現場に体罰は必要なし　115

一九一五年に起きた事件　115
体罰を肯定する意見　118

体罰を否定する論理　122

第3章　すべての日本人へ　127

①女性の権利を尊重すべし　128
女性に対する不道徳行為　128
男性に甘い風潮　130
声を上げる女性たち　133
女性の自立、その難しさ　138
女性の生き方をめぐる議論　141
男女平等の実現に向けて　145

②報道の真偽を見極めよ　151
新聞を読む際の心掛け　151

劣化する新聞記事　155
戦前の朝日新聞　158
メディアに対する弾圧　161

③ フェイクニュースに注意すべし　164

虚言を吐く日本人　164
大震災発生後の流言・デマ　166
流言・デマを防ぐために　170
言論を弾圧する動き　173

④ 悪辣な詐欺師に用心せよ　177

新聞広告を使った詐欺　177
相手の心理につけ込む手口　181
電報や電話が詐欺のツールに　183
被害に遭わないために　187

第4章 若者たちへ 191

① 大きな志をもつべし 192
今どきの青年に対する批判 192
人格の向上を説く声 196
今でも色褪せない教え 200

② 覚悟をもって就職活動をせよ 204
社会に出る学生たちへ 204
近頃の学生の気質 207
採用選考では健康を重視 209
企業幹部が求める人材 212

③ もっと本を読むべし 216
本を読まない日本人 216
幅広い知識を養うために 218
くだらない本は避ける 222
寸暇を読書にあてる 225

エピローグ
一〇〇年後の日本は 229
二一世紀の東京の景色 230
日本社会はどう変わるか 234

おわりに 239
参考文献一覧 243

【凡例】

引用に際しては、読みやすさを優先した。歴史的仮名遣いは現代仮名遣いに、旧字体は新字体に、漢字表記の接続詞や指示代名詞、助動詞などは平仮名にそれぞれ変更した。難解な表記は適宜平仮名に、もしくはルビを追加した。必要に応じて句読点や送り仮名も追加している。引用文中の〔 〕は筆者による補足である。

なお、引用文中には現在では不適切とされる表現が一部含まれるが、当時の時代背景を伝える史料としての価値を重視し、原文のまま残した。

一〇〇年前から見た二一世紀の日本

——大正人からのメッセージ

プロローグ

一〇〇年前の日本人は

◇戦争を知らない国民

最近の、日清日露の二大戦争も、我国がこれによって世界の一等国に列した程の大戦争であったにも拘らず、両戦争ともに、国民の眼から非常に離れた所の、海上や外国に於て戦われ、かつ常に連戦連捷《しょう》であったために、国民は日本海に於ける海軍々人の苦戦や、旅順奉天に於ける陸軍々人の悪闘を、夢にも知らずして、いわゆる愛国家や大和魂家の中には、戦争といえば屍山血河《しざんけつが》の代りに、提燈《ちょうちん》行列や祝捷騒動を連想する人があるほど、我が国民は一般に浮調子《うわっちょうし》になったのであります。（本多數馬『現代の日本と婦人の任務』一九一八年、二七頁）

第一次世界大戦が終結した一九一八年、海軍中佐の本多數馬《ほんだかずま》（?〜一九四五）は、戦争の悲惨さを知らず「浮調子」になっていた国民にこのような苦言を呈している。本多の指摘どおり、日清・日露戦争において日本国内は戦場になっていない。また、日本では、一八七七年以降は内戦も起きていない。

国内最後の内戦である西南戦争から約四〇年を経た当時、ある意味、「戦争を知らない世代」が日本人のなかで多数を占めるようになっていた。本多は、第一次世界大戦中に欧州で起きていた凄惨な出来事を引き合いに出しながら、日本人に警鐘を鳴らしたのである。そして、次のように続けている。

戦争は、昔も今もまた将来も、血と肉と骨との争いであります。人間の戦争は、蝉や蛙のように、舌の先で鳴くばかりでは勝てません。誰やらの句調で申せば、白刃の閃きも見ぬ座上の大和魂は、戦場に於ては役に立たない。演壇の前の忠義心は、弾丸の下には通用しない。さらに提燈行列に乱発した萬歳式愛国心は生命の市場にはほとんどその価値が疑われるのであります。（前掲書、二八頁）

今日、第二次世界大戦後に生まれた日本人は「戦争を知らない世代」とも呼ばれている。戦争の現実を知らないがゆえに、安易に戦争という手段に訴えるのでは、と危惧する声もある。かつて田中角栄（一九一八～一九九三）は、「戦争を知らない世代が政治の中枢となったときはとても危ない」と述べていたという。本多の指摘に従うと、先の大戦を主導した者のなかに、「浮調子」になっていた者が多かったとも考えられる。

世界史をひもとけば、戦争を体験した者、実際に戦場で戦った経験をもつ者がのちに指導者となり、戦争を引き起こしたという事例もある。戦争を知っていることが、必ずしも戦争を忌避《きひ》する要素とはならない。戦争体験が戦争を抑止する力になるのかどうかはともかく、一〇〇年前の日本人の多くは、本多が言うところの「浮調子」、換言すれば「平和ボケ」の状態にあったということである。

◇視野の狭い日本人

日本は第一次世界大戦において連合国側で参戦し、戦勝国として大国の仲間入りを果たした。同時に、大戦を契機に飛躍的な経済成長を遂げ、世界経済において大きな地位を占めるようになった。国としては五大国の一角を占めるまでになった日本だが、国民の多くは、大国の国民としての余裕や大局的な視野をもつまでには至らなかった。

一九二一（大正一〇）年に宮内庁の書記官として皇太子裕仁親王の欧州訪問に随行した二荒芳徳《ふたらよしのり》（一八八六〜一九六七）は、自らの見聞を踏まえて当時の日本人について次のように述べている。

私は概言すれば現今の日本人は力みすぎた、また妙に負け惜しみのつよい、かつ余裕のない国民であると存じます。

西洋でよくきくのは、欧州人に支那人と見まちがえられて真赤になって俺は日本人だと憤慨する人の甚だ多い事です。人はこれをもって国民の自尊心の表現のように讃美しますけれ

ども、私はむしろこれを滑稽に存じます。（二荒芳徳『改造物語――欧洲大戦みやげ』一九一九年、一〇五頁）

海外で中国人と間違えられて不快感を覚えるという日本人は、今でも少なくないだろう。日本人が欧米人を見て、その出身国を見分けるのが容易でないのと同様、欧米人にとってはアジア系の人を見分けるのは難しい。それでも日本人は、自らをアジア系としてひと括りにされることを好ましく思っていない。

当時の日本人は、欧米人に対するコンプレックスとともに、中国人や朝鮮人に対して蔑視感情を強く抱いていた。国力の面では、アジアで唯一欧米に比肩するまでになった国であるという自負をもちながらも、体格、容姿、文化、生活習慣などにおいては、欧米人に比べると劣っていると自覚せざるを得なかった。その一方で、他のアジア人に対しては、日本人よりも民度が低いと見なし、優越感を抱いていた。そうした意識を多くの国民が共有していたという事実が、二荒が指摘した日本人の行動の背景にある。

そんな日本人に対して二荒は次のように諭《さと》している。

日本は決して現時の日本人が考えておる程世界的に強大な国ではございませんと私は考え

ます。飾らず申せば自惚《うぬぼれ》がすぎて独りよがりの国になりかけております。丁度高等程度の学校を卒業した者のいない山村にただ一人高等程度の学校を出た男がかえって来て、なま半可の外国語を交ぜて、政治・経済・工業・農業と一通りは知っておるような頭をして田舎老人連を煙にまいておるようなものであります。西洋の事を本でよんで見たような事を申しておる男が、丁度日本にたとえるのに好恰でございます。（前掲書、一〇七頁）

昨今の日本についても、同じような指摘を耳にすることがある。とくにバブル時代は、多くの日本人が豊かさを謳歌し、あたかも世界の頂点に立ったかのような錯覚を抱いていた。これと同じく、第一次世界大戦に伴う好景気のなかで成金《なりきん》となった人々は我が世の春を謳歌していた。経済面のみならず外交面においても日本は、三度続けて戦勝国となったことで、真に大国の地位を確保したと多くの国民が認識していた。

一〇〇年前の日本の現状について、二荒は次のように続けている。

世界的に日本の地位を自覚しつつある我々は、真に他国民に親しく交《まじわ》り、殊に東洋人とよく親《したし》んで、世界の平和・人類の福祉のために働くという大国民の襟度《きんど》がなければ駄目であると存じます。学校教育などで、日本国民の長所短所について明白に祖述し慎戒することを怠

ったことなど、力みすぎた日本人を作った大きな原因と存じます。（前掲書、一〇八頁）

大国民の襟度、すなわち他国民に対する寛容さを日本人はもっともつ必要があるという指摘である。そうした心の広さをもち得ていない理由として二荒は、日本人が自らの長所と短所を見極め、改めるべきところをおざなりにしてきたことを挙げている。そして、その責任の一端は学校教育にもあるとしている。

戦前の学校で使われていた教科書のなかには、日本人の伝統的な美点や、改善すべき習慣についての記述がないわけではない。ただ、他国と比較しつつ日本人の長所・短所について明確に指摘されたものはかぎられていた。

また、児童・生徒はもちろん、当時の日本人にとっては、海外へ行く機会や外国人と接する場面は極めて限定的なものだった。入手できる国外の情報も決して多くはなく、その量は今日と比べるまでもない。「日本人」としての意識はもつようになっても、それを客観的に捉える機会はかぎられていたのである。

◇日本人の長所・短所

多くの国民にとって、自分たちを客観的に認識する機会が少ない時代ではあったが、一般向けの書籍や雑誌において、日本人の長所・短所に深く言及した記述は増えつつあった。この頃、海外を訪れた経験のある人物が、国民を啓発すべくさまざまな角度から「日本人」を論じている。先に挙げた二荒芳徳もその一人である。

実際にどれだけの国民がこうした記述を目にしたかどうかはともかく、日本人の特徴について客観的に論じた書籍や雑誌記事は数多く発表されている。そのなかから、特徴的なものをいくつか取り上げてみたい。

元官僚で社会学者の永井亨《とおる》（一八七八〜一九七三）は、日本人の国民性について多角的な視点から論じている。

我国民は一般に創意に欠け理想に乏しいといわれている。恐らくこの点が我国民性の一大弱点であろう。その結果は何事にも現実に捉われて理想に生きようとしない。大きな文明も思想も容易に我国には生れて来ない。その代りには感受性に富み模倣性が強く同化性をも有《も》っている。また妄《みだ》りに空想に耽《ふ》けろうともしない。一般に現世を知って来世を知らない。哲学や宗教は我国民に不向の如くである。その代りには科学と道徳とは我国民の間に発達し得る。ただ、遺憾ながら発明の創意を欠いている。
我国民は感情には長じているが利害の打算に乏しい。一切が感情的で実利的でない。しかし理智的の国民とは断言し得よう。教育さえ受くれば理性が発達する。物の理に悟され易くて何事にも理屈をつけたがる。無教育者に迷信は多いが紳秘的の国民ではない。今日の我国には保守思想のものが多いけれども進歩思想を受け入るることも早い。堅忍不抜の精神には欠けているが頑迷不霊《がんめいふれい》に陥る国民ではない。団結力には乏しいが盲動性は少ない。一般に感情が発達して感激性に富んでいるが同時に衝動に左右され感傷性も強い。しかし情に激し易くて理に醒め易い。一時は粗暴に化するが良心の苛責《かしゃく》も早い。智と情とが足って意が足りないともいい得よう。（永井亨『国民精神と社会思想』一九二四年、一一八〜一一九頁）

帝国大学で初めて哲学の教授となった哲学者の井上哲次郎（一八五五〜一九四四）も、永井と同様に幅広い観点から日本人を考察している。井上は著書『国民道徳概論』（一九一六年）のなかで、日本人の国民性については数多くのことが見いだされるとし、主なものとして以下の一三点を挙げている。

井上哲次郎（国立国会図書館所蔵）

・高遠な推論よりも目の前の現実を重視する（現実性）
・物事を楽天的に捉える（楽天性）
・単純を好み複雑なことを嫌う（単純性）
・淡白なものを好む（淡白性）
・物質的にも精神的にも清潔を尊ぶ（潔白性）
・外からの刺激に感激しやすい（感激性）
・変化に順応しやすい（応化性）
・外来の文明を取り入れることに長けている（統一性）
・気が短い（短気性）
・依頼心が強く独立心に乏しい（依頼性）
・物事を深く探求する忍耐力に乏しい（浅薄性）
・物事を速く了解する（鋭敏性）
・何事につけても規模が小さい（狭小性）

永井と井上、いずれの指摘もやや散漫で抽象的な感は否めないものの、ポイントは的確に押さえていると言える。全体的に見ると短所が多くを占めているようにも思えるが、両者とも決して日本人を卑下しているわけではない。

ちなみに井上は、欠点と言える部分は矯正し、長所と言える部分は発展させていく必要がある、と述べる。至極当然の指摘である。

こうした国民性に言及した書物の多くは、日本人がもつ悪しき習性の改善を訴えることを目的として書かれている。それゆえ、否定的な側面が強調されていることを踏まえておく必要がある。

社会事業家の山下信義《のぶよし》（一八七九～一九四五）と村田太平《たいへい》（一八八八～一九七六）は『一事貫行真髄』（一九二二年）という本のなかで、日本人の国民性について次のように論じている。


日本人は武勇に富む。日本人は戦争に強い。日本人は祖先を大切にし、また礼儀を重んずる。日本人は、機敏で、潔白で、優美で、織巧である。神社に表〔ママ〕れ、桜に現れ、古事記に現れ、万葉集に現れ、あるいは日本武尊《やまとたけるのみこと》、菅原道真、織田信長、乃木《のぎ》大将等に体現されている長所は、すべて我国民性の長所である。斯くの如き長所に於いては、どこの国民にだって負けるものではない。（前掲書、三四頁）

典型的とも言える国粋主義的な見解である。とはいえ、彼らは日本人をただ讃美しているわけではない。「長所の多い国民である」としながらも、「長所の反面には、少なからず欠点もないではない」とし、短所についても述べている。

狂熱的排外的で、自負心の強い負け嫌いで、小規模で軽率で、飽き性で気短かで、上スベリで近眼で、親の脛《すね》を噛ることを恥とせず、早くより楽隠居することを手柄と考え、親族の保護官権の庇護によく依頼し、功名心の強い割合に独立心が弱い。斯くの如き欠点を有する者が、吾人の同胞である。数えてみると、長所も多い代わりに短所も多い。（前掲書、三五頁）

ごらんのように、長所の指摘に比べるとより具体的で手厳しい感がある。山下らの指摘はこれに留まらない。

それら多くの短所の中でも、特に顕著なものとして吾人の猛省を要するものがある。それは何かと言うと、持続力の欠乏、粘着力の不足、何をしても花火的一時的で、牛の涎《よだれ》の様に長く続かぬという事である。日本人はこの点に於いて、酒に類して餅に類せず、馬に似て牛に似ず、折れ易き木に同じくして、粘り強き竹と、その性質を同じくせざる者である。ここに日本国民性の、一大欠陥が在るのである。（前掲書、三五頁）

山下らがとくに顕著な短所として挙げた「持続力の欠乏、粘着力の不足」は、井上哲次郎が先に挙げた項目のなかにも含まれている。また、他の論者の指摘にも「気が短い」あるいは「持続力が乏しい」といったことを挙げたものが多数見られる。

一方、今日、日本人の国民性として「粘り強い」や「忍耐力がある」といった特徴が挙げられることがある。とくに、二〇一一年三月一一日に発生した東日本大震災後、こうした声が増えたように思われる。この点に関して、一〇〇年前の指摘との違いに注目しておきたい。

◇国民性とは何か

これまでに挙げてきた記述以外にも、当時の多くの論者が日本人の長所・短所を「国民性」として論じている。なかには相反するような指摘も散見されるが、大筋ではほぼ共通していると言ってもよいだろう。もちろん、今日の日本人に通用しそうな指摘も多い。しかし、これらを日本人に普遍的な「国民性」と断言してしまうことには疑問を抱かざるを得ない。

「国民性」として挙げられる言葉は、往々にして、占いで示される指摘と似たようなところがある。特定の国民に見られる特徴のように思われる一方で、実は他の国民にも当てはまるような事柄が少なくない。誰にでも当てはまるような、抽象的な言葉で表された特徴をあたかも自分だけに当てはまるものと誤認する現象を、心理学では「バーナム効果」あるいは「フォアラー効果」

と言う。「国民性」を論じる人たちの多くにも、こうした心理現象が生じていたと言える。

そもそも各論者が「国民性」だと主張する事柄の多くは、一個人の主観的な見解の域に留まっている。厳密に複数の他国民と比較したうえで導き出されたものではない。

右記で紹介した指摘は、日本人に普遍的な「国民性」というよりは、あくまでも当時の特徴的な日本人の姿を主観的に描写した言葉と捉えるべきだろう。このことは、「粘り強さ」という点に関する評価が時代を経て変化していることからもうかがえる。また、それらの指摘は、特定の時代における政治・経済の情勢、社会環境、国際社会における立ち位置、そして庶民の間に広まっていた風潮などを映し出したある種の時代像と見ることもできる。

こうした文脈で考えると、当時「国民性」として挙げられていた事柄のなかで、「今でも当てはまりそうなこと」、「今では当てはまらないと思われること」にそれぞれ注目すると、一〇〇年前から現在に至る日本社会における変化の一側面が浮かび上がってくる。

本書では、一〇〇年前の論者の言葉を多数紹介していくが、そのなかには日本人全般を規定するような言い回しも少なからず登場する。それらの言葉が含意する「国民性」が、現在をいかに逆照射するかについても注目していきたい。

第1章
働く人たちへ

1 働き方改革を進めよ

◇メリハリのない仕事振り

日本人は時間が来ても、別に定《さだま》りが無いように、ダラリダラリと何かやってる、明日でい い事までもやっている、勉強ぶりを見せる積《つも》りか、あまり正直に帰っては、現金過ぎるとい うのであるか、時としては日曜までも出勤していることがある、真実忙しいのなら別物だが、日本勤め人の勉強果して如何、もし勉強ぶりを見せるため、無いものを有るように見せるの なら、それはやっぱり日本人通有の虚飾虚礼というものだ、不正直が籠《こも》っているのだ、第一 身体が堪えるように、また規律が立つように、時間が定めてあるのだのに、これを好い加減 にすることは矛盾の沙汰というものだ、総てがダラシなくなるわけだ。（飯田旗郎『ざつくば ん』一九一七年、三〇一頁）

一〇〇年前の日本の産業界は、「欧米列強に追いつき追い越せ」をスローガンに、技術向上、生産拡大に向けて邁進していた。だが、それを底辺で支える労働者たちが、必ずしも経営者らの 思惑どおりに仕事に取り組んでいたわけではなかった。

冒頭の指摘が、当時の日本人労働者の働き振りを表していると言える。時間潰しをしているかのようにダラダラと仕事をする労働者に対して、のちにレジオン・ドヌール勲章を受章するフランス文学者の飯田旗郎《きろう》（一八六六〜一九三八）は「虚飾虚礼」であると非難したうえで次のように続けている。

もっとも上役の人達にも、追従虚飾の勉強を喜ぶものが無いでもない、従ってこの弊も起るのだ。ダラダラ働きは止めにして、働く時には大いに働き、休む時には絶対に休み、よく働きよく遊ぶ、これが能率増進の最大秘訣というものだ、日本人従来の行法《やりかた》はこの原則に反している。（前掲書、三〇一〜三〇二頁）

遅くまで会社に残っている従業員の姿を見て、上司は仕事に熱心な証拠だと捉える。しかし、そこで何をしているかについては問わない。このような風潮は今日も見られる。労働生産性に対する意識がまだ低かった時代、効率とは無縁の働き方をしている人は今以上に多かったのである。

二〇一六年八月に発足した第三次安倍晋三内閣において、「働き方改革」の実現が政策として掲げられたことは周知のとおりである。そこで示されたポイントは多岐にわたっているが、そのなかで「労働生産性の向上」が大きな柱の一つとされている。一〇〇年前の日本でも、表現は違えど、「働き方改革」によって労働生産性の向上を訴える声が挙がっていたのである。

のちに政治家としても活躍する評論家の野依秀一《のよりしゅういち》（本名は秀市《ひでいち》・一八八五〜一九六八）は、欧米人と比較しながら日本人の働き方を次のように批判している。

彼等［欧米人］の中には日本人のように遊んでいるか、働いているか判らんようなだらしがない生活ぶりを発見する事は非常に困難である。働くべき時間には『時は金なり』で、寸分の容赦なく活動する。といって享楽に費す時間が少いかというとなかなか、そうでない。人間は楽しまなければならんという事を充分に知っているから随分思い切って遊びもする。要するに、遊ぶ時は遊ぶ、働く時は働くと、生活の様式がキチンと定まっている。（野依秀一『実業の世界』23巻12号、一九二六年、八〇〜八一頁）

明治中期に創業した東洋汽船（一九六〇年に日本油槽船へ吸収合併）で取締役を務めていた白石元《もと》治郎《じろう》（一八六七〜一九四五）も、野依と同じような指摘をしている。

西洋人は遊ぶ時と働く時には、その間裁然《さいぜん》これを区別し、働く時には一心不乱に働き、遊ぶ時には万事を捨てて心から愉快に遊んでいる。これに反し、日本人はややもすればその間の区別が頗《すこぶ》る曖昧で、働いているのか、遊んでいるのか分らぬような事が少なしとせない。勤務時間中に煙草を吹かしたり、雑談を交えたりしているような日本流の遣り口は、西洋人には見ないのである。畢竟《ひっきょう》常識が発達しているためであろうと思う。（白石元治郎『実業の日本』24巻13号、一九二一年、六六頁）

日本人と欧米人の労働感の違いについては、休日の取り方という点から言及されることが多い。そのなかで、フランス人のバカンスがよく引き合いに出される。

今日のフランスでは、年に五週間まで有給休暇を取ることが法律で認められている。一〇〇年前の段階ではこうした法律はなかったものの、富裕層の間ではバカンスを楽しむことがすでに習慣として根付いていた。それに対して日本では、日曜日に休むという習慣すらまだ定着していなかった。日本人労働者の間では、休暇の少ない分を勤務中の休憩で補うかのような働き方が常態化していたのである。

◇仕事と休憩に対する考え方

日本人が目標とした欧米の労働者は、メリハリのある働き方をしていた。視察に訪れた先でそうした現実を目の当たりにし、日本人の非効率な働き方を改善すべきと訴えた論者は多い。だが、当の日本人労働者はその必要性をあまり自覚していなかった。職場に長時間いることこそが重要であり、「労働の質」は二の次と考えていたのだ。雇う側も雇われる側も、同様の認識だった。それでいて労働者の間には、「友人同士が途中で会った時でも『近頃は忙しくて困る』とか『自分の会社は朝から晩までのべつ幕なしに働かねばならぬ』とかその他いろいろその繁忙なことを言って、不平を漏している」（荻野《おぎの》仲三郎《なかさぶろう》編『園田孝吉伝』一九二六年、一〇七頁）という傾向が見られた。

また、「今時の人の顔を見れば、何方《どちら》に向いても忙しそうな顔をした人ばかりだ。『ドウも忙しくて困る』と口癖にする人が実に多い。果して世の中はそんなに忙しいのだろうか」（青柳《あおやぎ》有美《ゆうび》『新世の中』一九一八年、一五四頁）という指摘もある。

「忙しい」と言いながら仕事はダラダラとこなす。効率の悪い働き方をしているという自覚が乏しい。これが当時の日本人労働者の姿だった。

職場における休憩時間の使い方についても、日本人と欧米人との間には大きな違いが見られた。陸軍中将の村岡恒利《つねとし》（一八六五〜一九二一）は、アメリカ人労働者を引き合いに出して次のように述べている。

彼等は時間に対しては驚くほど厳重で、労働時間中は、ほとんど余所見《よそみ》一つせずに、一生懸命ただ黙々として働いている。さて食後の一時間の休憩時間を彼等は如何に利用するかといえば、勉強心のあるものは、すぐ傍らの図書館から本を借りて読み、運動好きのものは、広い後庭に出て、池中の小舟に棹《さおさ》すもの、あるいはベースボール、フートボールを楽しむもの、思い思いの事をさも愉快気にやるが、老人の多くはバイブルの研究に余念なきは実に感心な心懸けで、日本の職人の如く煙草を喫かしながら徒らに悲観に沈んだり、つまらぬ浮世話をして笑いさざめいて一時間を費やすというものはない。（村岡恒利『従業の道』一九一八年、一六二頁）

日米を比較すると、日本人労働者のほうが休憩時間を無為に過ごす者が目立ったようである。もちろん、すべてのアメリカ人労働者が休憩時間を有意義に過ごしていたかどうかは定かでない。当時の日本人労働者にとって、仕事以外に趣味をもつという習慣はまだ一般的なものでなかった。それどころか、かぎりある時間を有効に使うという考え方すら多くの人はもち合わせていなかった。そんな状態から、休憩時間を有意義に過ごそうという意識は生まれない。ましてや、仕事と生活を調和させるという考え方をもつことなど望むべくもなかった。

今日においても、日本におけるワーク・ライフ・バランス実現に向けた取り組みは、他の先進国に比べて遅れているということがよく指摘される。一〇〇年前の段階ですでに明らかになっている課題でありながら、今なお改善は遅々として進んでいない。制度の問題だけでなく、個々の意識の問題も大きいと言える。

◇欧米諸国の労働者との比較

では、日本人と欧米人の間には労働生産性にどれほどの差があったのだろうか。この点について、編集者の酒井不二雄《ふじお》（一八八九～？）は次のように述べている。

人間工学の上から割出して六時間で為し得る仕事を日米英独仏の各国人に与えて別々に働かせて見ると、惰《なま》け勝《が》ちな日本人は八時間でやっとこれを仕上げ、米国人は四時間で仕上げて、その余りの二時間で運動する。英国人は五時間で仕上げて、その余りの一時間を修養に費し、独逸人《ドイツ》は与えられた時間通りにきっかり六時間で仕上げ、仏蘭西《フランス》人はさっさと四時間で仕上げて、その残りで酒を飲んだり歌を唄ったりするのが常であるという。（酒井不二雄『動的人格の修養』一九二二年、三九五頁）

日本人労働者の生産性がいかに低いかということが書かれている。もっとも、ここに記された数値は、調査に基づいたデータというよりは、「国民性」を寓話的に表現したものと捉えたほうがよいだろう。極端な色分けではあるが、当時の日本人と欧米人の仕事に対する意識の違いがうまく描かれている。

明治学院の教授を務めたあと外交官となった小松緑（一八六五～一九四二）は、日本人の労働生産性についてあるエピソードを紹介している。

> 帝国ホテルの建築を監督している米国技師が大工左官土方などの労働時間を六時間に極《き》めたので、林支配人が西洋並にしても、八時間じゃないかと言うと、西洋並に働かせるから、六時間にしたのだ、日本の職工にはそれ以上働く気分もなければ精力もない。遊び半分に働かれては、十時間が十二時間かかっても、正味六時間働くほどの能率が挙がらないと答えたそうだ。（小松緑『世界を一周して』一九二二年、二二五頁）

小松の記述を読むかぎり、日本人労働者の働き振りの悪さは外国人からも指摘されていたようだ。

これまで見てきたように、日本人の低い労働生産性については欧米人との比較で論じられることが多かったが、比較するまでもなく、当事者自らが自覚するケースもなかには見られた。大正デモクラシーをリードした人物として知られる吉野作造（一八七八～一九三三）は、ある労働者から聞いた話を紹介している。

その労働者の妻は紙漉《す》き工場で働いていたが、工場が火事で焼けてしまったため、一時的に自宅で仕事を請け負うことになった。すると、それまで工場で朝八時から夕方六時までかかっていた分量の仕事が、四時間足らずで終わってしまったのだ。「こんなに働けるはずがない」と当人も不思議がっていたという。

彼女は工場にいるときに決して怠けていたわけではない。むしろ、監督者がいたため一生懸命仕事をしていた。ただ、仕事を多くこなしても給与が変わらないため、手を緩めることがあったという。

集団で作業を行う際、無意識のうちに手を抜いてしまうことは決して珍しいことではない。こうした現象を、心理学では「社会的手抜き」もしくは「リンゲルマン効果」と言う。

このような事例を踏まえて、吉野は次のように論じている。

吉野作造（国立国会図書館所蔵）

つまり八時から六時まで手も頭も打通し働いて、しかも四時間足らずの能率しか挙らないのだから、雇主にとっても得な話でないが、国家全体としても非常な努力の浪費といわなければならない。而《しか》してこの事は何を語るかといえば、労働時間の短縮という事は、今のままでは格別労働者の休養にもならず、能率を挙げる所以《ゆえん》にも固《もと》よりならない。あらゆる弊害の原は賃銀制度その物に在る事を語るものである。（吉野作造『中央公論』37巻1号、一九二二年、三〇九頁）

吉野は、労働生産性を高めるには賃銀（賃金）制度を改革する必要があると訴えている。すなわち、出来高制にすれば労働生産性が上がるということである。確かに、このケースでは成果主義の導入が望ましいと言えよう。もちろん、職種によって事情が異なるため、一概に成果主義を導入すれば労働生産性が向上するというわけではない。

繰り返しになるが、一〇〇年前の段階では、日本の職場は欧米に比べて明らかに労働生産性が低い状態にあった。しかし、その後は着実に向上を遂げている。日本が経済大国としての地位を磐石なものとした一九七〇年代から一九八〇年代にかけては、日本の労働生産性の高さを称賛する声が海外で挙がったぐらいだ。

社会学者のエズラ・ヴォーゲル（Ezra F. Vogel）は、一九七九年に出版した『ジャパン・アズ・ナンバーワン』のなかで、自動車や鉄鋼産業を引き合いに出し、日本の労働生産性がイギリスを上回ったことを指摘した。確かに、当時、日本の労働生産性は飛躍的な上昇を遂げていた。だが、他の欧米諸国と比較すると決して高い水準にあったわけではない。また、その後は上昇率が低下している。

実際のところ、今日における日本の労働生産性は国際的に見て低い水準にある。二〇一六年のデータでは、日本人就業者一人当たりの労働生産性はOECD（経済協力開発機構）加盟三五か国中二一位でしかない。時間当たりの労働生産性についても二〇位に留まっている。いずれも、主要先進七か国中最下位である（公益財団法人日本生産性本部「労働生産性の国際比較　二〇一七年」）。ただし、そのベースとなる数値は為替変動の影響などを受けるため、必ずしも順位だけで労働生産性の高さが判断できるわけではないことは留意しておく必要がある。

◇日本人は勤勉か

日本人は勤勉である。これは、日本人自身だけでなく、外国人からも強くイメージされている日本人像である。日本人が勤勉になった契機については、江戸時代後期に起きた「勤勉革命」がよく知られる。これは歴史人口学者である速水融《あきら》氏の唱えた説で、農業生産力を高めるために、それまで家畜が担っていた労働を人間が行うようになったことで勤勉の精神が育まれた、とするものである。

日本の平野部は、一八世紀に入る頃にはそのほとんどが開墾し尽されていた。そのため、生産量を上げようとしても耕地を増やすことは難しかった。そこで農民は、かぎられた土地のなかで生産の拡大を図るようになる。

生産力を高めるために必要となる深耕《しんこう》は、家畜よりも人力のほうが向いている。また、平地の大半が耕地にされていたため、家畜を飼う場所や餌の草を得る場所が減少していた。そうした背景から、家畜を使わずに、一定の耕地に労働投下量を増やすことで生産性を高めるといった動きが進んだ。さらに、生産性の向上が農民の生活水準の向上をもたらすようになったことが、勤勉に働くことへの動機付けとなった。こうして、勤勉を尊ぶ文化が定着していくことになる。

民俗学者の宮本常一《つねいち》は、昭和三〇年代当時の視点から、それまでの日本の農村について次のように述べている。なお、この記述に関しては、約六〇年前（一九六三年）のものになる。

今日まで、農村には人が多すぎた。その人たちを養うためには、できるだけ多くの仕事をつくる必要があった。ただ、遊んで食ってもらったのでは困る。農地改良をしたり、耕地の集団化をはかったり、機械化を進めていくならば、農業に要する労力はいちじるしくへってくる。だが、そうすれば、農村には多くの失業者ができる。失業者を出さないためには、不合理なものを多分にのこし、またできるだけ、人力にたよって生産をおこなうようにしなければならぬ。表面にはたいへんいそがしそうに見えつつ、実は多くの潜在失業人口をかかえてきたのが、今までの農村のありさまだったのである。しかもお互いは、長い間そのことに気づかなかった、そして、勤勉だけが要求されたのである。ただ、働けばよかった、そこに不合理があっても、働くものはほめられた。（宮本常一『村の若者たち〈復刻版〉』二〇〇四年、三一～三二頁）

労働力はあり余っているが、働く場となる農地を拡大することは難しい。そうした状況下で失業者を出さないようにするには、かぎられた仕事をさらに分担するしかない。そうなると、先の事例の如く、六時間でできるような仕事でも八時間かけて行うような風潮が生まれる。合理化とはまったく逆の流れである。そのような状況では、本当の意味での勤勉でなく、勤勉に見えることが重要とされた。必要以上に労働生産性を高めることは、むしろ害悪だったとも言える。

近代に入って以降、勤勉の精神をもつ一方で非合理的な働き方をよしとする意識を引きずった人々が工業やサービス業の担い手となっていった。本節で紹介してきたような非効率な働き方が見られた背景には、こうした事情もあったと考えられる。

今日もなお、一〇〇年前に見られた風潮が残る職場は少なくない。日本の労働生産性は、かつてに比べれば明らかに高くなっている。だが、一〇〇年以上前から受け継がれている非合理的な労働慣行、非効率的な働き方が、さらなる向上を妨げている点は否めない。制度はもちろん、一人ひとりの意識を変える必要があることは言うまでもないだろう。少子高齢化で労働力の不足が危惧されている現在、労働生産性をより一層高めることは急務である。

2 長時間労働を抑制せよ

◇工場や商店の労働者

東京モスリンでは十一時間制が原則となっており、織部は昼業専門だと公表している。しかしながら実際では十二時間制な上に夜業がある。だからすべての労働事情は官省の調査や、第三者の統計などで決して真相が判るものではない。しからば同社は十一時間制を公表していかなる方法によって十二時間働かせているかと言えば、後の一時間は「残業」という名目であり、夜業は自由にその希望者のみにやらせるのだと言い逃れている。一年三百有余日残業するところがはたして欧米にあるだろうか？（細井和喜蔵『女工哀史』一九二五年、二一〇～二一一頁）

「働き方改革」を実現するうえで、働く人の意識改革は欠かせない。だが、働く人自身ではいかんともしがたい構造的な問題によって、長時間労働を強いられているケースも多い。雇用体制、管理体制の不備によってもたらされる長時間労働は、当然ながら現場の努力だけでは解決することができない。

昨今では、労働時間が長くなりがちな職種として、ドライバーや飲食店従業員などがメディアに取り上げられているが、一〇〇年前に注目されていたのは工場の労働者だった。

冒頭の記述は、戦前にあった紡織会社の女子労働者の様子を描いたルポとして名高い細井和喜蔵《ほそいわきぞう》（一八九七〜一九二五）の『女工哀史』の一節である。この記述だけでも、当時の女工たちが過酷な労働を強いられていたことがうかがえる。一日の労働時間もさることながら、「一年三百有余日残業する」とあるように、今日の基準で考えると休日が極端に少なかったことも分かる。

日本で工場労働者を保護する法律ができたのは一九一一（明治四四）年である。この年制定された「工場法」は、一九一六（大正五）年に施行されている。ただ、ここで対象とされたのは常時一五人以上の職工を雇っている工場だけで、小規模の工場は除外されていた。労働時間についても、規定が設けられたのは一五歳未満の年少者と女子だけであった。

この法律では、最長労働時間を一二時間とし、深夜業を禁止するとともに所定の休憩時間および休日（毎月二回以上）を設けるよう定められた。その後、一九二三（大正一二）年の改正によって、一五歳未満が一六歳未満とされ、最長労働時間も一一時間にされるなど規制が若干強化された。それでも、空文《くうぶん》の域を脱してはいない。

工場労働者のうち、年少者と女子は曲がりなりにも法律で保護される対象となった。だが、他の業種では依然として長時間労働がはびこっていた。医学士の佐野克己《かつみ》（生没不詳）は、デパートに勤める少女の事例を紹介している。

クリスマスの以前の狂的一二週間を毎夜十時十一時あるいは十二時に至るまで大なるデパートメントストアに引き止めらるる少女、春季売出しのために婦人胴着を縫うために一月中を毎夜懸命に働く少女は翌朝七時あるいは八時には既にその業務に対する報告をなすために呼び出さる。彼女は恢復《かいふく》する事なくしてその仕事に帰るが故に、時間外作業の一日を増す毎に疲労産物の累積は必ずいよいよ大を致す。（佐野克己『時間及疲労を省く工場と労働』一九一九年、一〇四頁）

この事例のように、女子従業員に過酷な労働を強いる百貨店があった一方で、労働時間の短縮を目指す動きもあった。当時、日本の代表的な百貨店の一つに数えられていた「白木屋」の社長である西野恵之助《けいのすけ》（一八六四～一九四五）は、店舗従業員の労働時間を規制すべきだと訴えている。

従来の旧式商店のように、店員を朝から晩まで十七八時間も使っては、事実成績があがるものではない。工場労働者の福音として工場法があれば、商店員に対しては、それに適した法律を設け、工場労働者同様に、法の恩恵に浴しせしめるのが当然であると思う。（西野恵之助『実業の世界』23巻11号、一九二六年、一〇一頁）

休日についても、西野は次のように言及している。

休息日なども外国のように、日曜毎に休むということは、現在の日本としては、あまりに急激であるから、初めは、月二回、日曜日に休むことを規定したら良いと思う。これは是非法律で強制的にやらねばならない。（前掲誌、一〇〇頁）

工場法で年少者と女子に規定された月二回の休日を商店にも導入すべきだ、と西野は訴えてい

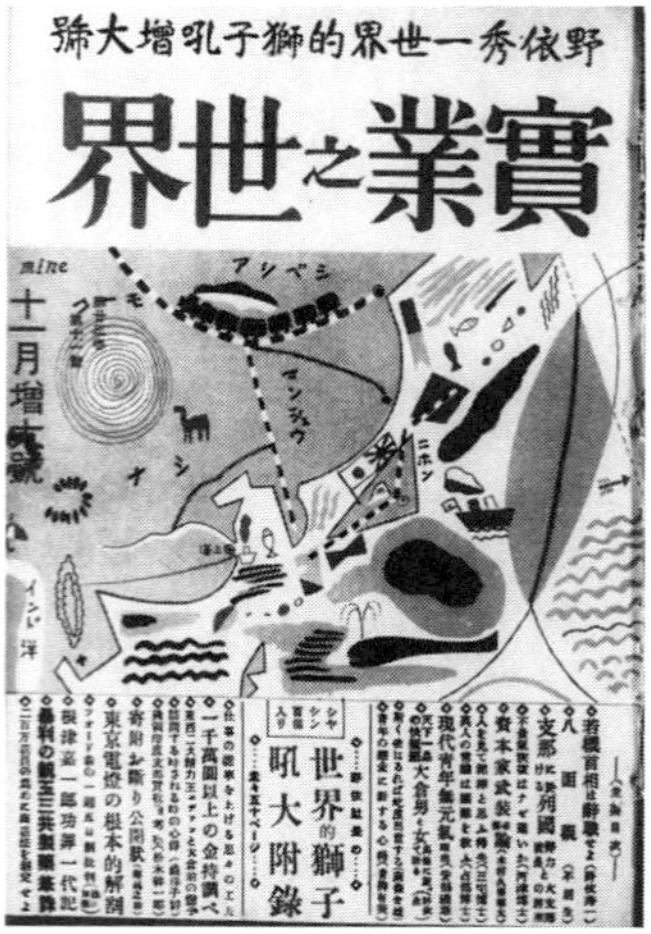

『實業之世界』23巻11号

る。まずは月二日という目標からは、改めて時代の違いを感じさせられる。

なお、今日の「労働基準法」では、週一日以上（四週で四日以上）休日を与えることが定められている。二〇一八年一月一日時点で、完全週休二日制を採用している企業は四六・七パーセント、何らかの週休二日制を採っている企業は八六・五パーセントとなっている（厚生労働省「就労条件総合調査の概況　二〇一八年」）。

◇労働時間の短縮

西野恵之助が先に述べた、店員を一七、八時間も働かせている「旧式商店」の状況について、当時、「三越呉服店」で医務局主任を務めていた医学士の半田勇（生没不詳）は次のように述べている。

　現在の、子僧番頭などは、ほとんど人間として取扱われていない。全く消耗品として取扱われている。即ち人間を品物同様に取扱うている。何となれば、一度、子僧などが病気にかかって仕事が出来なくなると、古郷《こきょう》に帰されたり、解雇されたりする。これは、全く非人道的であるが、現に、これが到る所で行われている。（半田勇『実業の世界』23巻11号、一九二六年、一〇一頁）

工場では、従業員は明確に「労働者」として扱われ、年少者については工場法によって労働時間が規制されるようになった。商店でも、工場と同じような近代的な雇用スタイルが広まりつつあったが、丁稚《でっち》奉公の形で働く年少者もまだ多かった。

彼らは、商店に勤務する労働者ではなく、あくまでも主人に奉公する小僧として扱われる。商店の丁稚は職人の世界における弟子と同様の立場であり、近代的な企業労働者のような給与や待遇は基本的に与えられない。そうした旧態依然とした丁稚奉公という制度は、時代を下るにつれて非人道的なものと見られるようになっていく。

一九一一年の工場法の制定、そして一九一九年にＩＬＯ（国際労働機関）第一号条約が締結されたことなどによって、国内でも労働時間短縮に関する議論が活発になった。ＩＬＯ第一号条約とは、労働者の労働時間を一日八時間、一週四八時間に制限したものであるが、日本は批准《ひじゅん》していない。また、法律的な議論と同時に、医師や学者から過労による身体への悪影響を訴える声も大きくなっていた。

しかし一方で、労働時間を短縮すれば生産力とともに収入の低下につながるという理屈で、この動きに異議を唱える経営者も少なくなかった。さらに、労働時間を減らせば労働者が堕落するという主張まであった。佐野克己は、こうした意見を述べたある評論家の言葉を記している。

閑暇《かんか》は堕落の淵に沈むべき誘惑に過ぎずして、彼等の慾望を満足せしむべき料理店その他の軒を並ぶる街路の裏面に於て、みすぼらしき破屋に居住する労働者に於て特に然《しか》りと論ずるものあらん。労働時間の短縮は、斯《か》くの如き堕落に至る多くの機会を労働者に与うるに過ぎず。（佐野、前掲書、三〇〇頁）

こうした暴論を吐く論者に対して佐野は、「今日の工業に於ける過労の有害と危険とに対して極めて冷淡、無智なるを見る」（前掲書、三〇〇頁）と断じつつ、「生産と賃銀とは、労働時間の短縮に伴って、むしろ増加する傾を有するものにして断じて低下する事なく、従ってその収入も長き間には単に減少せざるのみならず、却《かえ》って増加するに至るという事実を指摘したりき」（前掲書、三〇一頁）と反論している。

また、過労によって労働者の体内に蓄積された「毒素」を除去するには、「疲労の初まりたる後に於ては、休養の外は、何物の力をもってするも、この毒素を体外に棄つる事を得ざるべし」（前掲書、三〇三頁）と述べ、休養の効用や必要性を強く訴えている。そして、次のように続けている。

健康を破壊する勢力の第一として、労働時間の長きを挙ぐるには実際的理由ありて存す。

この危害に対する救治策は近くにあり。労働時間の短縮は、法律が今日の婦人及び小児、将来は必ずや男子のためにその効果を挙げ得べき方法なりとす。（前掲書、三〇六頁）

佐野が述べた「将来」は、戦後になってようやく訪れることになる。ただ、労働時間の短縮が法律上実現しても、実際の現場ではこれが空文化《くうぶんか》している職業も多い。その代表例の一つとも言えるのが学校の教員である。

◇教員の勤務実態

毎日残業を強いられながら、残業代が支払われない（公立学校の場合）。休日は部活動の顧問として出勤が求められる。授業の間の休憩時間もほとんど休むことができない。さらに、小中学校では昼に給食指導がある。今日、「ブラック職場」としてたびたび指摘される学校であるが、こうした状況が生じたのは決して最近のことではない。教員の過酷な勤務実態については、すでに一〇〇年前から問題視されていた。

教育関係の著作を多数発表している教育家の西川三五郎《さんごろう》（生没不詳）は、小学校教員が多忙な生活を送っている事実を訴えている。

今日の小学教員にはその学校勤務中余裕というものが全くない。朝から帰るまで勤務に追われて少しも休息時間というものがない。かくては教員の活力または精力というものが衰えて来るにきまっている。学校教員の体格が他の社会の人に比べて比較的よくないのはこれがためだ。（西川三五郎『立憲的教育施設の実際』一九一四年、二九五～二九六頁）

当時、愛知県内の高等女学校と女子師範学校で教鞭をとっていた石黒あさ（生没不詳）も、小学校教員の勤務実態について次のように記している。

小学教員の日々の行事を見よ。孜々《しし》として一時一刻も休息せず。午後三時に授業は終わるけれども、やれ教授案、やれ何の統計表、やれ何の道具製作とて、格別思考を要することでもない、多くは機械的事務に日も足らない有様で、帰宅しようという頃は、既に業に街頭に電燈の光り輝く頃で、帰宅すれば心身共に倦み疲れて自己の修養などということをする勇気はない。実に同情の涙を濺《そそ》がざるを得ないのである。（石黒あさ『自覚主義の教育』一九一九年、一二九～一三〇頁）

教員には、ただ学校で仕事をこなすだけでなく、教育の質を向上させるため、自己研鑽に努めることも必要とされている。しかし、あまりにも多忙なため、そうした時間を確保することができない。これを問題視し、教員の雑務の軽減に取り組む学校もあったが、「日の没せざる中に帰宅するのは教育に不熱心なりと、視学《しがく》より譴責《けんせき》の眼を向けられようことを杞憂し、為すこともなきに雑談をして徒に尊い時間を空費している」（前掲書、三〇頁）と石黒は指摘している。

視学とは、戦前において教育の指導監督を担っていた行政官のことで、教員の人事権を含む大きな権限を握っていた。彼らから目を付けられることを恐れ、勤勉な姿を見せようとする教員も少なくなかったという。本章の冒頭で見た、典型的な日本人労働者の働き方が表面化した形である。

こうした風潮は都市部の学校で多く見られ、山間僻村《へきそん》ではなかったとも石黒は述べている。教育者で、のちに玉川学園を創設する鰺坂国芳《あじさかくによし》（のちに養子となり姓を小原に改めている・一八八七〜一九七七）も、教師が日々仕事に追われている現状を問題視している。

> 模範学校に勤めた元気盛りの青年教師が多端な事務に追い廻されてとうとう二年ばかりで死んでしまった実例もある。事実に於て模範学校の教師は皆死んでいると言っても過言でなかろう。勉強の暇も与えられずクダラぬ仕事に追い使われていると頭は働かなくなる、意気は沮《そ》喪《そう》する、魂の抜け出した形骸ばかりが教壇で「生」の仮面を冠って「死」の舞踏をして

いるのが模範学校か。（鰺坂国芳『教育改造論』一九二〇年、九一頁）

ここで述べられている青年教師の死因について鰺坂は具体的に触れていないが、文脈から考えて過労死と見ても差し支えないだろう。この当時には「過労死」という言葉こそなかったが、長時間労働によって健康を害す人、そして命を落とす人も少なくなかったようだ。こうした傾向は一〇〇年を経た現在も続いている。

厚生労働省の「過労死等防止対策白書　二〇一八年版」によると、教職員が業務に関連するストレスや悩みの内容としてもっとも多く挙げたのは「長時間勤務の多さ」（四三・四パーセント）である。「職場の人間関係」（四〇・二パーセント）や「保護者・ＰＴＡ等への対応」（三八・三パーセント）を上回っている（複数回答）。

学校種別で見ると、「中学校」では「休日・休暇の少なさ」や「部活動の指導」も多く挙げられている（いずれも四二・〇パーセント）。同白書は、ストレスチェックを行うことなどが改善に有効であると述べているが、ストレスや悩みをもたらしている過重労働そのものを改善するための取り組みも当然必要となるだろう。

◇教員が多忙となる原因

鰺坂国芳と同様、自ら私立小学校を創設し、理想の教育を追求していた教育者の西山哲治《てつじ》（一八八三〜一九三七）は、小学校の教員を多忙にしている要因の一つとして「表簿《ひょうぼ》」、すなわち学校内で作成せねばならない書類の多さを挙げている。教員がそうした事務作業に労力を割かねばならないため、さまざまな弊害が生じていると彼は述べている。

斯《か》くの如く雑多な事務、表簿に囚わるるから教員は十分に明日の教授の準備が出来ないのである、修養も出来ない、夜間の静養も思いもよらぬ、元気は朝に於て恢復《かいふく》していない、教育力はだんだん衰退するのである。

事務にのみ囚われるから運動場に於ける活きた道徳教育をする時間がない、表簿に囚われるから十分に児童の個性を知ることが出来ない、従って教育上個性に注意を払うこともできない。（西山哲治『悪教育之研究』一九一三年、二〇〇〜二〇一頁）

先述の西川三五郎は、小学校の教員が規定時刻の一、二時間前に出勤し、数時間に及ぶ残業を終えてから帰るといったスタイルが常態化している点を指摘する。これにより、勤務時間が一日一〇時間から一一時間に及んでいる実態を問題視した。

ただ、教員の勤務時間が長くなる要因は仕事量の多さだけにあるわけではない。西川は、勤務中に学校長の顔色をうかがわねばならない風潮にも問題があると論じている。


最も無意義なるは学校長が下校せなければ、自分は何等の仕事もないのに学校に居残りせなければならぬ習慣が残っている。これは旧道徳より来た慣例で今日のような時間の貴重なる世にありて、無意義に学校に居残る必要がどこにあるか。また学校長が居ない時でもおそくまで勤務せねば精勤者でないような風習が見える。それで一時間ですむ事務も二時間も三時間もかかって延《の》し延《ば》して日の暮るるに至ってはじめて帰るものもある。（西川三五郎、前掲書、二八三～二八四頁）

前掲の石黒あさが、「視学より譴責の眼を向けられようことを杞憂し」、教員が居残っていると訴えた事例と同じパターンである。学校長の思いを忖度《そんたく》することで、無用な長時間労働が生じてしまう。こうした風潮は常々指摘されているが、職場によっては今日も根強く残っているようだ。

小学校の教員が多忙な日々を送りながらも、彼らが置かれた過酷な実態が世間一般に認知されていないことについても西川は嘆いている。

今日の小学校は授業参観、職員会議、学年会、やれ何やれ何と毎日のように居残らねばならぬような事務が随分多い、これらは局外者の知らぬ所である。それで普通一般の人は小学校教員程楽なものはないと思っている。子供が帰る時には教員も帰られると思っている。子供に教うる事は簡単で何でもないように思っているが。実際は随分面倒が多くて、毎日毎日学校長は部下教員に強制して時間外の勤務を強いている。非立憲もまた甚だしいではないか。

（前掲書、二八五〜二八六頁）

教員の仕事は、「楽なもの」と誤解している人は多い。もちろん、西川が述べるようにそんなことはない。

さらに、世間からは厳しい目が向けられがちである。教員には、生徒を正しく教え導くことはもちろん、高い倫理観や規範意識も求められている。通常であれば注目されないような事件でも、当事者が教員であることが明らかになると世間の耳目《じもく》が集まってしまう。

また、戦前の学校では同盟休校が珍しいものではなかった。同盟休校とは、生徒が自分たちの要求を学校側に受け入れさせるために集団で授業をボイコットする行為である。戦前の教育現場では、「三尺下がって師の影踏まず」といった言葉が体現されていたようなイメージをもたれることもあるが、教師が必ずしも尊敬の対象とされていたわけではない。教師に反抗する生徒、暴力を振るう生徒も少なくなかった。教師たちは、そうしたプレッシャーにもさらされていたのである。

大正初期にアメリカへ渡った鈴木画一郎《かくいちろう》（一八七八〜一九五七）は、当地の状況を踏まえて、日本社会における教員に対する扱いを次のように批判している。

近来師道著しく廃れて師弟の間に昔日の如き美風の存するを見ず、生徒にしてややもすればストライキ的暴挙に出て、教職の神聖を犯し、父兄または校友の輩までがこれに雷同するとは、その事情と理由の如何を問わず、社会の風教上洵《まこと》に悲しむべき事にして、また学務員など教育に盲目なる連中が、不肖《ふしょう》の児の罪を責めずして、妄《みだ》りに教員を非難し、不当なる排斥運動をなし、恩義相奪うて子弟の心を誤まるは、弊害の最も大なるものといはねばならぬ、母国の識者は果してこれを何と見らるるか。（鈴木画一郎『驚き入った母国の社会』一九一三年、二〇二頁）

長時間労働を含む、教育現場の過酷な実態を知る者からは少なからず同情論もあった。もっと待遇の改善を図るべきだ、と。労働環境だけでなく、給与についても十分な額を支払うべきだとする声も多かった。実際、当時の教員の給与水準は概して低かった。仕事は過酷で多忙、世間の風当たりは強い、そして給料は少ない。かつての教員はそうした厳しい状況下で「聖職」に携わっていたのである。

このような状況が一〇〇年を経てどこまで改善されたのか、怪《あや》しまざるを得ない。

◇役人の仕事振り

官公庁も、学校と同じように勤務実態が一般にあまり知られていない職場の事例として挙げられる。一概に官公庁といっても仕事の内容はさまざまだが、世間一般では民間企業に比べて「仕事が楽」というイメージをもたれがちである。そのため、長時間労働とは無縁の職場と見られることも多い。

また、「お役所仕事」や「役人天国」といった言葉があるように、官公庁で働く人に対しては、その仕事振りに一般の厳しい目が向けられがちである。こうした見方は今も昔も変わらない。

役人の仕事振りについて、元大蔵官僚の添田壽一《そえだじゅいち》（一八六四〜一九二九）は次のように述べている。

添田寿一（国立国会図書館所蔵）

お役人様はどうである、仮りに朝定時に出られても、仕事をなさる間は甚だ短かいように思う。行政整理などという問題がしばしば起るが、今日まで行政整理が完全に行われたことはないと思う。それはない筈である。つまり仕事をするという観念が少しも変らないからである。（添田壽一『応用経済一家の基礎』一九一四年、四二～四三頁）

新聞の投書欄には、一般市民からこんな声も寄せられている。

私の近所にある詰所のお役人と来たら、朝十時ごろぼツぼツ、一人二人と集まって来て、雑談に時を過ごして、お昼食。午後もサボりながら四時の時計を待つ。何んという恵まれた人たちだろう。（『読売新聞』一九二六年一一月九日付）

これは、一九二三年の関東大震災後に設けられた「復興局」の役人を見たある市民の投書であるが、当の役人からは、「なあに、えらい人はえらい人で色々と腹を温めている。吾々のサボ位当然さ」（前掲紙）といった声が聞こえてきたとも記されている。

これは極端な例かもしれないが、そうした労働生産性とは無縁の職場において、無駄に時間を潰しているだけの役人がいたのは事実である。無論、すべての役人が仕事をサボっていたわけではない。真面目に仕事と向き合っている人もいる。なかには先に見た教員のように極めて多忙な日々を送っている者もいた。

元文部官僚の澤柳政太郎《さわやなぎまさたろう》（一八六五〜一九二七）は、国の官僚について、常に最新の知識を吸収すべく努める必要があると訴えながらも、そうするだけの余裕がない現状を伝えている。

澤柳政太郎（国立国会図書館所蔵）

これ等の官人は僅かに断片的に耳によって得る知識の外は新刊の書物を手に取ったり、雑誌を読んだりする暇がない有様である。そればかりでなく彼等は多くの来訪者のために時間を殺がれ職務上の書類すら十分に閲覧する事が出来ず大概は盲判《めくらばん》を押して済ます有様である。果して仕事のために忙殺せられているのであるか否かは別問題として、外から見れば確かに多忙らしく一寸の暇もない有様である。

かかる状態であるから我が現今の官人は目の前に突付けられた仕事をなすばかりで静かに読書する暇なくまた緩《ゆ》っくりと考えることも出来ない。（澤柳政太郎『随感随想』一九一五年、四七〜四八頁）

澤柳は、官僚が目の前の仕事ばかりに囚われている現状を「国家の深憂《しんゆう》」であるとし、「自分は一日も速やかに官人に相応の余裕余暇を与え、以って読書し熟考する様にせなければならぬと信ずる」（前掲書、四八頁）と論じている。

官僚が多忙であることは、今日もよく指摘されている。とくに国会の会期中は、答弁書の作成のために残業時間が月に二〇〇時間を超えることもあると言われている。しかも、その残業代は一部しか支払われていない。官僚にかぎらず、機関、部署、担当によっては激務を強いられている役人は多い。

先述の二荒芳徳（六頁参照）は、「教育者及官吏最優遇論」と題して、教員と官僚の待遇を引き上げるべきだという意見を述べている。教員は「国家の次の時代を担って立つ時代人を作る者」であり、官僚は「国家の現代の仕事を与る者」であるという理由から、給与面における待遇改善をとくに訴えている（二荒、前掲書、一頁）。

当時の教員が薄給だったことは事実だが、官僚については官民格差がすでに指摘されており、待遇改善の意見には批判もあった。今日においても、公務員の給与や福利厚生が民間に比べて手厚くなっていることは事実である。ただ、教員も官僚も、国のために重要な人材であるという主張は間違いではない。もちろん、現在においても通用することだけに、給与面での待遇はともかく、労働時間の点においては改善の必要があるだろう。各人が本来の業務において、十分に能力を発揮できるだけの環境づくりを進めなければならない。

今日、「働き方改革」に取り組む職場の事例がメディアで多く取り上げられている。ただ、注目されるのは大企業がほとんどである。長時間労働に起因する過労死、自殺などの問題も、大企業で起きた場合には世間の耳目《じもく》が集まる。一方で、改革に取り組むだけの余裕がない中小企業や、すべてが自己責任に帰せられる個人事業主に目が向けられるケースは少ない。

世間からの風当たりが強い教員や勤務実態を誤解されがちな役人も、後者のカテゴリーに含まれるだろう。改革とは無縁の状況に置かれている職業にまで取り組みが広げられるかどうかも、「働き方改革」の成否を測る重要なポイントだと言える。

3 仕事に対する意識を改善すべし

◇物品を粗雑に扱う労働者

極めて卑近の例を以てすれば、我国民は物の取扱が頗る《すこぶ》荒い。時間に余裕があって注意さえすれば丁寧に扱えるものを、ほとんど無意識的に荒く扱い、ために破損させることが多い。かつてある独逸《ドイツ》人は慨歎《がいたん》して、「日本人には精巧な機械を渡しても、直ちに壊すから困る」

と言ったそうだが、実際、工場では機械の故障が多くして従って修繕費もまた多く、一般に使用する道具などでも、ややもすれば破壊しがちである。（村岡恒利『従業の道』一九一八年、一六九頁）

労働生産性の向上、長時間労働の抑制は、「働き方改革」における重要テーマであるが、一〇〇年前の労働者には、別の意味における「働き方」の改革が求められていた。右記の指摘はその一例である。物の取り扱い方が荒いという点は、今日的な視点で考えると仕事以前の問題となるが、当時はこうした意識改革の必要性が強く叫ばれていた。

村岡恒利《つねとし》（二二頁参照）は、工場の機械にかぎらず、自動車や電灯、時計といったものが故障する原因も物品を粗雑に扱う習慣にあると論じている。扱う人間が機械に関する知識を欠いているからではなく、物の取り扱い方そのものに問題があるとの指摘である。

また、「鉄道で荷物を運搬する際、荷物の損傷が頗《すこぶ》る多い。停車場で駅員が貨物を積み卸しするのを見ると、ぽんぽんと投げ飛ばして実に驚くほど荒っぽい」（前掲書、一七〇頁）といった事例を挙げて、物の扱いが粗放《そほう》であることは日本人の労働者全般に見られる欠点であると主張している。さらに、工場の従業員が材料を粗末にするという問題点も指摘している。

我が国の従業者は、原料に対する観念の薄い所から、作業上随分原料などを減耗させて顧みない。それはちょっとした注意不注意によって大なる損益を来すもので有るのは、算盤《そろばん》勘定が詐《いつわり》ならぬ数字を示して驚くことがある。もともと常に原料を整頓して置き、また作業上これを大切に取扱い、殊に原料をなるべく減耗させないように努むるのは工場経済の一要義である。然るに、現今我が国の工場にあっては一般にまだこれらの事柄が行届いていない。（前掲書、一六五〜一六六頁）

村岡は、外国の工場で材料が大切に扱われている実例を引き合いに出し、日本の工場がいかに不経済であるかを説いている。こうした傾向は工場にかぎったことではない。事務系の職場でも物品を粗末に扱う風潮が見られた。実業之日本社の創業者で衆議院議員の増田義一《ぎいち》（一八六九〜一九四九）は、とくに若い労働者の「物品に対する観念」について次のように述べている。

自己の物品でなければややもすれば粗末に取扱うことは青年の通弊である。殊に青年時代は気が大きいから、銀行会社のもの、官省のもの、主人のものとなると、何だかこれしきのことといって筆墨紙を始め物品を粗末にし濫費《らんぴ》する傾きがある。所有権の自他によりてその取扱を異にするは根本に於て私心の強きものである。これは実業界の最も嫌う所である。（増

田義一『青年出世訓』一九二五年、四〇頁）

自分の物は大切に扱うが、会社の物や公共の物は無駄遣いを厭《いと》わない。悪い意味でだが、公私の区別が明確にできている人は現在も少なくない。これは、自分の家はきれいにするが、公共の場所は平気で汚すという、マナーに欠けた人と同じ心理である。

◇物を粗末にする習慣

機械や荷物を乱暴に扱ったり、材料や物品を粗末にしたりする習慣は、決して労働者だけに見られたものではない。野依秀一《のよりしゅういち》（二〇頁参照）は、これは日本人全般に通ずる悪弊であると言う。

日本人程、物を粗末にする国民は世界のどこへ行っても見当らぬのである。これも苦労が足らないから、物の有難味が本当に判らない。切端《せっぱ》ツマッた生き方をした事がないから要領が判らないのである。

米国は物質の有り余る国である。さぞ贅沢な不経済な真似をしているだろうと想う人もあるか知らぬが、さて実地に行ってみると、無駄遣いをせぬ事に驚くのである。〔中略〕日本人ほど平気で無駄費《づか》いをするものはない。汽車の弁当の残骸を見れば、すぐそれが判る。欧米の汽車中では日本のような馬鹿気た事はトテも見られぬ。日本では勿体ないと思って、余さず喰って仕舞えば、恐らく『あいつケチン坊だな』といったようなことを言う。昼は電灯がつけッ放しである。（野依、前掲誌、八一～八二頁）

当時の日本社会では、「欧米列強に追いつき追い越せ」という目標が前面に掲げられ、日本人がもつ前近代的な悪弊や欠点の改善を促す論調が広がっていた。野依も、欧米人との比較で日本人の短所を強調し、これを是正すべきとの主張を繰り広げている。ただ、「世界のどこへ行っても見当たらぬ」といった表現からも分かるように、事実を誇張して述べている感は否めない。

この記述は、読者に事実を伝えることよりも、啓発を促すことに主眼が置かれたものだと捉えておく必要がある。野依にかぎらず、この種の論説を読む際には、こうした点に留意せねばならない。とはいえ、主張に偏りがある点を差し引いても、かつての日本人が物を粗末にしていたという事実は否定できない。これについては、多くの論者が共通して指摘していることでもある。

今日、日本語の「もったいない」という言葉が、海外でもそのまま使われるようになっている。二〇〇四年にノーベル平和賞を受賞したケニア出身の女性環境保護活動家ワンガリ・マータイ（Wangari Muta Maathai）氏がこの言葉に感銘を受け、広めることを提唱したのが切っ掛けとされている。

「mottainai」というフレーズが地球環境保全に寄与するのは好ましいことである。ただ、日本人が昔からこの言葉の如く、物を大切にする文化を継承してきたと捉える風潮には疑問符を付けざるを得ない。これは先の論者らの指摘からも分かる。

「勿体無い《もったいな》」という言葉は、元は仏教用語である。「恐れ多い」あるいは「不都合である」といった意味がある。そこから、物について「粗末に扱われて惜しい。有効に生かされず残念だ」（『大辞林』）との意味で使用されるようになった。物に対して「勿体無い」という言い回しが使われたということは、裏を返せば、物が粗末にされる事態が起きていたということである。「勿体無い」は、そうした行為や状態を嘆き、諌《いさ》める言葉である。「勿体無い」という言葉自体は、日本語という文化に含まれると言ってももちろん差し支えない。だが、そこから日本人が伝統的に物を大切にする文化をもっていたと考えるのは論理の飛躍だろう。

歴史的事実として、さまざまな物が長期にわたって大切に使用されていたこと、使われなくなった物が再利用されていたことを伝える事例は多々ある。しかし、物資がかぎられていた時代において、あるいは貧しい環境において、物を棄てずに活かそうとするのは洋の東西を問わず、ごく当たり前の行為である。物を大切にしようとする精神は、特定の文化の枠に収められるものではない。

◇情実という悪弊

日本人の仕事に関する悪しき習慣については、右記以外にも指摘される点があった。実業家の関守造《もりぞう》（生没不詳）は、「およそ我国の如く情実なるものの多く行わるる国はあらざるべし。ほとんど総ての事これを以て起り、これを以て倒れ、これを以て解決され、またこれを以て紛糾さるるというもあえて過言にあらざるべく、その勢いの及ぶところ実に恐るべきもの有り」（関守造『実業家之自覚』一九一四年、八六頁）と述べ、日本社会では情実、すなわち個人的な感情が絡んで公正さを欠く事態が蔓延《はびこ》っていると説いている。

他の国に比べて多かったかどうかはさておき、さまざまな局面において、情実の絡む事例が少なくなかったのは事実である。関は次のように続けている。

この情実なる弊風は、現今実に到るところに瀰漫《びまん》して、政府といわず、政党といわず、商取引の上に於てすら存在し、さらに会社の重役間はいうに及ばず、重役と株主との間にも行われつつあり。（中略）商取引に在りては廉価に良品を販売するよりもなお重大とし、会社に在りては会社その物の利害に対するよりも、重役の敏腕は多くこの事に必要なるが如き奇観を呈するに至る。しかもなおこれがために贈賄収賄その他法律違反の行為が不知不識の間

に醸成現出さるるに至るは、蓋《けだ》し偶然ならずといわざるを得ず。（前掲書、九一～九二頁）

関は、日本では人事面のみならず、商取引においても情実にとらわれるケースが多いと指摘している。そして、「我国の商取引は、約束よりもむしろ情実に重きを置くがため、これが禍いをなして外国商人との取引に円滑を欠く場合甚だ少なからず」（前掲書、九四頁）と述べる。情実を優先しがちな商習慣は、日本国内では通用しても、契約を重視する欧米商人との取引では通用しない。

当時の日本では、海外との取引量が年々増加傾向にあった。しかし、日本人の商業道徳は遅々として向上しなかった。そうした道徳心を欠いた日本の商人が、外国商人との取引を繰り返すという状態が続いた。結果として、商取引における日本に対する信用度は低水準に留まらざるを得なかった。

一九二一（大正一〇）年に第二〇代内閣総理大臣に就任した高橋是清《これきよ》（一八五四～一九三六）は、日銀総裁時代に記した著書において、日本人労働者の欠点について次のように述べている。

日本の使用人はまず以て公私の観念に乏しい。会社に居る時でも家に居る時でもほとんど遊び半分に仕事をしている。したがって同僚間に於ける執務上の同情がない。会社を本位として執務上互に同情を寄せ、会社の利益の増進してゆくという観念に甚だ乏しい。それなら日本人には同情がないかというと、大《おおい》にある。すなわち日本人には私心の発動に対する同情――会社に対して不平を抱くとか各々の慾望を満足するとかいう場合には互に同情はあるが、公心の発動に対し同情を持つという事は甚だ稀である。（高橋是清『立身の経路』一九一二年、六七～六八頁）

高橋是清（国立国会図書館所蔵）

これは先に見た日本人の働き方についての実例でもあるが、ここで高橋が挙げた「公私の観念に乏しい」という指摘は、関が問題視した情実にとらわれる性向に通ずる。いずれも、日本人は私的な利害得失に強い関心を抱く反面、会社という組織全体の利益増進に対しては関心が薄いことを訴えている。

日本人の特徴として、一般に「真面目」「親切」「誠実」「義理と人情に厚い」「和を尊ぶ」「集団を重んじる」といった語句がよく使われる。だが、これらの言葉からイメージされる人間像は高橋の指摘とは相容れない。

それぞれの言葉は、日本人を表現するものとして必ずしも間違いではないだろう。しかし、そうした特徴が見られる場面は限定される。すなわち、自分を中心とする世間の内側では、先に挙げたような、いわゆる「日本人の美点」を体現するような姿を見せるが、世間の外では態度が一変するのである。

具体的には、自分の身内や知人に対しては親切だが、赤の他人に対しては冷たい。自分の住む村の人たちとの人間関係は大切にするが、村外の他人との関係は疎かにする、といったことだ。こうしたウチとソトの使い分けがはっきりしていたのである。

近代化の進展に伴い、それまで「村」という世間の内側に留まっていた人たちも、外へ出る機会を得るようになった。彼らの多くは、村社会にいたときの感覚を引きずったまま、近代的な「会社」という組織へ入っていくこととなる。彼らは、村の中では世間体を気にしつつ勤勉に農作業などに従事していたが、他人ばかりの会社のなかでは、仕事に対する真面目さを生み出す世間の視線という動因がない。これが、高橋が指摘したような現象を生み出したと言える。

時代が下り、農村から都市への人口移動がさらに進むにつれて、会社という組織が、かつての村社会と同じような機能を果たすようになっていく。つまり、労働者が会社を世間と捉えるようになり、その目を意識するようになっていったのである。これにより、先に挙げた日本人の特徴が、会社やそこで働く同僚らに向けられるようになっていった。

その結果として、「同僚間に於ける執務上の同情がない」といった悪弊も徐々に改善されていった。そして、戦後の高度経済成長期においては、会社を世間と認識した労働者たちが大きな力を発揮することとなる。

◇労働者に必要な心掛け

粗雑な物の扱いや情実といった日本人労働者に見られた性向については、他の多くの論者も異口同音に短所として指摘している。先に述べたとおり、一〇〇年前の日本では、国内はもちろん海外と商取引するにあたって、日本人がもつ悪弊の改善が大きな課題とされていた。とくに第一次世界大戦以後、海外との貿易量が飛躍的に増大するなか、日本人の悪しき習慣を改めるよう働きかける声も大きくなっていった。

そうした訴えは、今で言うところの「ビジネス書」や「自己啓発書」にも多く記されている。そこでは、さまざまな悪弊の改善を訴えるだけでなく、労働者が心掛けるべき事柄についても具体的に論じられている。ここからは、その一例を紹介していきたい。

まず、先述の鈴木画一郎（四五頁参照）は自著のなかで、とくに若い労働者に向けて「出世の秘訣」を説いている。鈴木は、酒を好もうが、道楽にふけろうが、程度さえわきまえていれば出世の妨げにはならないとしたうえで、次の点が重要であると述べている。

皮肉を以て人に報いたり、理屈をいって人と争ったりする事は、甚だしく昇進に障りをなすものである。殊にウエージアーナーすなわち俸給生活をする青年にして、絶えず感情に走り小理屈を並べて同僚や上長と衝突し、とにかく円満を欠くような事があっては、いかに万人に勝れた技術を有するとも、到底出世の望みはないのである。（鈴木、前掲書、一七六頁）

当たり前と言えば当たり前のことである。だが、当時の若者のなかには、上司に対して皮肉や理屈を言ってやり込めようとする血気盛んな者が少なくなかった。これをあえて指摘せねばならないほど、その頃の若い労働者には円満を欠くような言動が多かったということである。この点については、隔世の感を禁じ得ない。

鈴木は、実業界の若者にかぎらず、政治の世界でも同様の傾向が見られると述べている。実際、議場では下劣な野次を飛ばしたり、揚げ足取りをしたりと、本来の議論以外のところで激しい言葉の応酬が見られた。

日本人全般について、鈴木は「一般に圭角があって円満ならず、その上皮肉にして感情に走り易く、人の反感や誤解を招く様な挙動の多きは、未だ社交的訓練の足らざるためか」（前掲書、一七七頁）と嘆いている。プロローグで見た指摘とも重なってくる。

◇失敗を避ける方法

商学士の鈴木易三《やすぞう》（生没不詳）は、著書『現代致富成功法』のなかで「失敗を避くる秘訣」を次のように説いている。

何事でも着手せんとする場合には、まず全く利害関係の無き友人先輩の中で、なるべく世故に長け公平の人々十人を選び、その可否を尋ねてみるがよい。その中の七人以上が可とするなれば、その事は大概成功すべき故に着手するがよい。もし三人以上の反対者があれば、特別の事情無き限り中止するがよい。この方法は何でもない事のようであるけれども失敗を避くる秘訣である。すべて事業に対して独断的のやり方は失敗する。たとえ自分で慥《たしか》に成功すると思った事でも一応は友人先輩に質すのが宜しいのである。どうしても自己は自己の事には公平な判断の出来ない事が人間の弱点である。（鈴木易三『現代致富成功法』一九二二年、四四頁）

日本が第一次世界大戦に伴う好景気に沸いていた頃、その波に乗って多くの人が新たな事業をスタートさせた。だが、当然ながら起業した者すべてが成功を勝ち得たわけではない。判断を誤った経営者は、戦後訪れた不況のなかで淘汰されていった。

鈴木は、業務を進めるうえで適切な判断を下すためには、自分一人でなく、複数の人間に相談することが大切だと説いている。今日のように、ビジネスに関する情報が大量に飛び交う時代とは違い、当時は個人で入手できる情報は極めて少なかった。ゆえに、直接的に他者の知見を頼りにすることは必要不可欠なことだった。

この考え方は、情報が溢れる現在でも十分に通用する。人は自分一人で必要な情報を収集しようとすると、どうしても都合のいい情報に重きを置き、否定的な情報から目を背けがちとなる。「世故に長け公平の人々」を頼り、ニュートラルな立場で意見を受けることは非常に重要なことである。

言うまでもなく、これについては起業しようとする人だけでなく、既存の会社組織にも当てはまる。外部との人材交流が少なく、内向きになりがちな会社ほどその重要性は増すだろう。

昨今、データの改ざんや不正経理といった問題がたびたびメディアに取り上げられているが、そうした事態を未然に防ぐためにも、利害関係のない第三者の意見を社内に取り込むといった風土を構築することが重要だと言える。

鈴木は次のようなことも述べている。

元来我国民は一体に早急性であって何事も早く為し遂げようとする傾向がある。これはある場合は大変に良いこともあるけれども、致富《ちふ》の場合には反《かえ》って悪いのである。富を造るには性急では成功し難いのである。最も投機市場に往来して一挙にして成金となることは珍しい事ではないけれども、誰でもその様のことは出来ることではない。また容易に得たるものは容易に失うことは当然である。（前掲書、六九〜七〇頁）

こうした一攫千金主義は日本人の「国民性」であると鈴木は述べているが、これは大戦景気のなかで、多くの成金が生まれては消えていった当時の時代背景を反映した指摘と見るべきだろう。富を得るためには、一攫千金主義よりも一業専心主義、すなわち一つの事業を地道に続けることが得策であると鈴木は説いている。

鈴木が「一業専心主義」の重要性を訴えたのとほぼ同時期、これと類似した「一事貫行主義」を説く論者もいた。先述の社会事業家、山下信義と村田太平（一三頁参照）である。二人は、著書のなかで成功の秘訣を次のように述べている。

すべての真の成功は最後に来る。最後の五分間に来る。この最後の五分間まで堪え忍ぶ人でなければ、大成はせぬ。この人には小成は求め得べきも、大成を望むことは出来んのである。日本人は器用であり機敏である。小智恵がまわり小ざかしい所がある。しかし大忍がなく大量がない。涓々《けんけん》たる細流の趣はあるが、洋々太河の如き所がない。これでは大国民たる任務は果《はた》せぬ。モット鈍重、モット大量、モット長持のする、始めに負けても終に勝つ的の、七度転んでも八度起きる的の、持久の国民、意志の国民になってもらいたいものである。（山下・村田、前掲書、四〇頁）

山下と村田は、日清・日露戦争のように比較的短期間で終わる戦争ではなく、長期的な戦争でも勝てるようにならなければならないといった文脈から、こうした意見を述べている。必ずしも事業における成功だけを説いたものではないが、長く堪え忍ぶことで最後に真の成功がやって来るという指摘は傾聴に値する。もっとも、このような姿勢が、その後の戦争で多くの悲劇を生み出したことは歴史の皮肉とも言える。

結果が出るまで堪え忍ぶという考え方自体は単なる精神論かもしれないが、すべてにスピードが求められ、それが当たり前とされる現代社会においては、こうした言葉に留意しておくことも必要だろう。

4 出世しても驕るべからず

◇企業幹部に対する批判

現代の日本に於て、横着で、我侭《わがまま》で、少ししか働かないで、それで最も多くの報酬を得ている者は？……と問えば、何人も、何の躊躇《ちゅうちょ》もなく、それは会社重役であると答えるであろう。才智があって、勤勉で、そして己を奉ずる事の薄い重役もないではないが、そんなのは少数で、大多数は総べての職業、あらゆる階級を通じて、最も多くの報酬を得ていながら、我侭勝手な振舞をしているのである。彼等は現代社会の驕慢児《きょうまんじ》である。（石山賢吉『現代重役論』一九二六年、一頁）

労働者の働き方や仕事に対する意識改革が叫ばれていた一〇〇年前の日本では、企業の幹部に対しても、その姿勢を問う声が数多く挙がっていた。一九一三（大正二）年にダイヤモンド社を興し、経済誌『ダイヤモンド』を創刊したジャーナリストの石山賢吉《けんきち》（一八八二〜一九六四）は、大多数の重役に対して「横着」「我侭」といった非難の言葉を重ねている。また石山は、政治家や学者、軍人、高級官僚など「むずかしい仕事をしている」人たちよりも、はるかに高額の「不当所得」を得ているという点からも重役を非難している。

大戦景気の波に乗って財を築いた成金に対しては、当初こそ称賛の声があったものの、次第に軽蔑の眼差しが向けられるようになっていった。とくに急成長を遂げた企業においては、大した働きもしていないにもかかわらず高給を得ているというイメージをもたれた重役が、薄給で過酷な労働を強いられている下層の労働者との対比から怨嗟《えんさ》の対象とされた。

仕事をしない重役のいる会社の様子について、石山は具体的に記している。

彼等がデスクに親しむのは一日一、二時間しかない。その癖重役は一人で広い部屋を占領している。一日何時間もその部屋におらず、書類など碌々《ろくろく》見ないのだから、いわゆる重役室なるものは、隅っこの小さな部屋でよさそうなものだが、どこの銀行会社へ行っても、社員はすし詰めになって、頗《すこぶ》る窮屈な状態で執務しているけれども、重役は一人で広い部屋に納っている。社員の能率など挙ろうが挙るまいがそんな事には一切頓着なく、自分一人広い部屋で威張っているのである。（前掲書、三四〜三五頁）

先述の実業家・関守造（五六頁参照）も、当時の重役について次のように非難している。

会社の重役にせよ、商店の主人にせよ、多数の雇人に対して深く自身の言行を慎しむべきはずなるに拘らず、あるいは白昼名を交際に借りて公然待合〔風俗店の一種〕に出入し、あるいは醜業婦《しゅうぎょうふ》を擁して自動車を大道に駆り、あるいはまた運動と称して密かに不正行為を敢てし、しかも自らその敏腕を誇負する者あるに至りては、正に言語道断といわざるを得ざるなり。（関、前掲書、八二頁）

高額の報酬を受け取っていても、それに応じた仕事をしていれば誰も文句は言わない。だが、昼間から遊びに出掛けているようでは批判を免れない。出勤時間は遅く、昼間は長時間外出し、夕方には会社を退出して遊びに行く。そうした長時間労働とは無縁の仕事振りの企業幹部らに対しては、企業とは関係のない一般庶民からも指弾の声が挙がっていた。

◇不正に手を染める重役

単に仕事を怠けているだけならまだしも、地位を利用して金儲けに走る者もいた。前節で見た、情実という弊風《へいふう》がもたらす贈収賄もその一例である。高橋是清（五七頁参照）は次のように指摘している。

近頃の新聞などで見る一派の重役は、会社のために誠心誠意力を尽すことなど更になく、会社の事業や、株主の利害などは毫《ごう》も念頭に置かずに、自己が内部の事情に通じているのを善いことにして、会社を利用して私服を肥やすことにのみ腐心して居る有様であるようだが、その本末を転倒せる遣り方は、ほとんど常識を以て考うることが出来ない程である。会社という公共的の機関を預っていながら私利のために犠牲に供せんとする彼等の無責任には驚く外ない。（高橋、前掲書、八八頁）

石山賢吉も同じように不正を働く重役を非難する。

現今の重役中に、重役たるの地位を利用して金儲けをしているのがある。これは必ずしも現今の重役に限らず、昔の重役にもよくあった事だが、現今の重役は、それを極めて露骨にやるようになった。道徳が一層すたれたのである。（石山、前掲書、四一頁）

今日でも同じような指摘を耳にするが、事実として、そうした傾向は一〇〇年前の昔から現在に至るまで続いている。もちろん、先に石山が述べたように、「才知があって、勤勉で、そして己を奉ずる事の薄い重役もないではない」というのも事実である。ただ、現在と異なるのは、「露骨」という言葉が示すとおり、重役が不正に手を染めやすい社会環境であったという点である。高橋は当時の日本社会について次のように述べている。

斯様《かよう》な失態がしばしば暴露さるるというのは、畢竟《ひっきょう》社会の制裁が弱いためであると思う。必ずしもその人ばかりの罪ということは出来ない。日本今日の社会が一般に、未だ責任という観念を真面目に持たない結果であるといわなくてはならん。社会一般が最少し責任の何たるかを自覚する様に成って、これらの無責任に対して厳格なる制裁を加えるようにならなくは、法律や警察権を以て、単に一時的に処分してみたところが、到底この悪風を矯正することは出来まいと思う。（高橋、前掲書、八八頁）

私服を肥やすべく不正に手を染めていたのは重役にかぎらない。社会のさまざまな立場の人が、全体の利益を無視して自らの懐《ふところ》を温めようとして悪事を働いていた。だが、高橋が指摘するように、この頃はそうした行為に対する社会的制裁がまだ緩かった。法的な面だけでなく、一般庶民の規範意識も十分育まれていなかったのである。

商業道徳の低さが当たり前のような状況のなかで、ある種の諦念《ていねん》に似た感情をもつ者も少なくなかった。そうした世の風潮は、特権的地位を得た重役にとっては、不正を働くうえで好都合だったとも言える。

◇出世を目標にしない

批判の対象とされがちな重役ではあったが、若者のなかには、わが世の春を謳歌するかのような重役に憧れる者が多かった。むしろ、立身出世が称揚されていた時代だっただけに、高い地位を目指すことはごく普通のことでもあった。そうした若者らに対して、高橋は次のように戒めている。

自分で〔出世の〕機会を作るという事になると、機会を作るためには、時にあるいはその手段を選ばぬというような事もしかねない。こういう事までして、機会を作って立身出世をしたからとて何等の価値もないものである。否なむしろ却って卑下《いやし》むべきの立身出世であるといわねばならぬ。それで機会は決して作るべからず、自然と自分の前に来たところの機会を捉えなければならぬ。かくして立身出世したのは実に尊いのである。（高橋、前掲書、一五七頁）

高い地位は目指して獲得するものではなく、自ずと訪れるものである。当時の会社重役らのあさましい姿を目の当たりにしていた高橋は、謙虚さをもち合わせた人間こそが人の上に立つべきである、と考えた。

高橋は、自著でこうした考えを示した翌年の一九一三年に、内閣総理大臣および立憲政友会総裁に就任した。だが、いずれもの地位も自ら望んで得たものではない。高橋は当初、内閣総理大臣の大命が下った際に難色を示している。その後、了承することになったが、立憲政友会の総裁職は断った。だが、これについても周囲の説得を受けて引き受けることとなる。意図して自らの理念を体現しようとしたわけではないにせよ、結果として言行一致となった彼の言葉には説得力がある。

のちに宝塚歌劇学校の教師を務めるジャーナリストの青柳有美《あおやぎゆうび》（一八七三〜一九四五）も、自ら人の上に立とうとする人を批判している。

賞《ほ》められたり煽動《おだて》られたりするのに乗って、ただ、威張り散らして楽しむだけでは腹の蟲《むし》が承知せず、なんでも彼《か》でも、頭《かしら》になって他人《ひと》の上に立ちたい立ちたいと心懸けてる輩が、今の世の中にはまたなかなか多くある。〔中略〕

好んで、他人の上に立ち頭になろうなろうと心懸けている人は、飛んで火に入る夏の蟲《むし》以上の大馬鹿者である。人は好んで他人の上に立ったり、頭になったりすべきものでない。他人の頭になり上に立つという事が何の楽しみであろうぞ。今日、他人の上に立ち頭となっては敬われているような人は、皆な止むを得ずして頭に戴かれ他人の上に立っているのである。
（青柳、前掲書、六一頁）

青柳は辛辣な言葉を使いながら、高橋と同様の主張を展開する。両者は、闇雲に上を目指そうとする姿勢を批判している。だが、身分制から解放され、自らの努力によって人の上に立つことができるようになった時代、多くの人が出世をするために奮闘していたというのが実際のところである。と同時に、そうした立身出世主義が国を発展させる原動力になっていたことも事実である。

◇肩書きを尊ぶ風潮

当時の日本には、高い地位を得ようと躍起になる人を否定的に捉える声があった一方で、立身出世を称揚する風潮も強かった。澤柳政太郎（四八頁参照）は、この点について次のように述べている。

今日の社会は階級の存するなく各自実力によって運命を決定する世の中である。封建時代に比ぶれば今日は、確かに実力の世の中となったといえる。しかしながら仔細に観察すると、ややもすれば実力よりも肩書を尚《たっと》ぶ風がなおなかなか勢力を有している。例すれば、大臣といえば学識や人格や抱負に於て見るべきものなくとも世人はこれを偉い人物と考える。〔中略〕

最も甚しいのは知識階級を目当てとする著書に於ても肩書ある人のものでないと売行きがよくない。肩書さえあるものの著述であればその内容の如何に拘らず相当に広く読まれる。

（澤柳、前掲書、二七五〜二七六頁）

大臣の肩書きがあれば社会的に重みのある人物として扱われるのは、今も昔も変わらない。だが昨今は、大臣といっても「学識や人格や抱負に於て見るべきもの」がないと判断されれば、すぐ揶揄《やゆ》の対象とされる。事の大小を問わずあらゆる言動が公にされてしまう今日、すべての大臣を「偉い人物」と考える人は少ないだろう。

一方、メディアが今ほど発達していなかった一〇〇年前、大臣という肩書がもたらすイメージは今日よりも格段に威厳を帯びたものだった。

また、出版物については、今日でも著者の「肩書き」あるいは「知名度」が売れ行きを大きく左右している。「無名の人の著述であると一向に顧みられない」（前掲書）のはいつの時代も同じだ。

アメリカと比較しながら日本社会を論じた鈴木画一郎《かくいちろう》（四五頁参照）は、地位や肩書きを尊ぶ風潮がもたらしたある現象について述べている。

> 近来、都会へ往っても田舎へ来ても、記念碑や銅像が雨後の筍の如く出来て、九州地方へ行けば耕地整理の記念碑に、知事や郡長や村長や村々のお豪《えら》い方の名前まで刻んであるを見る。無能の輩が売名的に運動し、寄付金を強要し無益の銅像記念碑の建立を企てて、それを手柄の如うに心得ているは、この上なき不心得である。世界中彫刻やスタチューの最も多くして最も名高きは希臘《ギリシャ》である。記憶せよ、記念碑や銅像の多きは亡国の兆《きざし》である事を。（鈴木、前掲書、二二〇～二二一頁）

無駄と思われる銅像や記念碑は、今も全国各地にある。現世で地位や肩書きを得て、死後もその名を残すことを名誉だと信じている人は少なくない。もっとも、実際に銅像や記念碑を建てるのは、多くの場合、本人以外の「不心得」な人たちである。ただ、なかにはそうして歴史に名を残したいという願望を原動力に、世のために尽力した人がいたことも事実である。

高い地位に至るまでの経緯や動機はともかく、指導者となった人物らが中心となって日本の近代化は牽引されてきた。そして国民は、曲がりなりにも彼らに従う形で近代化を推し進める主役となってきた。そんな時代において、人を導く立場に立った人物にはどのような資質や姿勢が必要とされたのか、そして何をすることが求められたのか。リーダーのあり方について、次章で見ていくことにする。

第2章 指導者たちへ

1 人の上に立つ者は品性を高めよ

◇立派な人物の欠乏

学校は年々多数の卒業生を出だすに拘《かかわ》らず、社会いずれの方面に於ても立派な人物がないといわれている。事実平々凡々たる人はいずれの方面にも多きに過ぎているけれども、少しく卓絶したる人物に至っては真に乏しい。（澤柳、前掲書、二六二頁）

「日本人は小粒になった」あるいは「今の世の中には大人物がいない」といった声をよく耳にする。とくに、指導者の立場にある人間に対して、その物足りなさがよく指摘されている。一〇〇年前の日本でも同じような論調があった。澤柳政太郎（四八頁参照）はこう続けている。

近時政界の状態が混乱を極めているのも、一には中心人物たるべき指導者を欠くがためである。あるいは第一流の人物を欠くとしても第二流の人材に至っては、済々多士の感があるかというと、これまたそうではない。少壮者の中に将来第一流の人物となるべく嘱望し得るものがあるかというとほとんどない。今日に多きものは三流四流の輩である。人物の乏しきは独り政治界ばかりではない。実業界に於いても軍人の社会に於ても学者、教育家、宗教家の社会に於ても同様である。これは日本の前途に取ってもっとも憂慮すべきことである。（前掲書、二六二〜二六三頁）

軍人のくだりを除けば、そのまま現代日本の状況を表す言説と言ってもいいだろう。実際、各界における「第一流」と言えるだけの人物を挙げるのは難しい。

今日、そうした人材欠乏を嘆く指摘のなかで、幕末維新に活躍した志士らを理想的な指導者として取り上げるケースが多く見られる。一〇〇年前の日本でも、幕末維新当時の指導者らと比較して「現在」の指導者の力量不足を嘆く声は少なくなかった。同時に、傑出した人物が輩出されなくなった理由として、学校における画一的な教育が槍玉に挙げられがちだったことも現在と変わらない。

一方で、維新から約半世紀を経て、世の中が大きく変わったことを冷静に捉え、求められる指導者像も変わったと述べる論者がいた。のちに宮崎市初代市長となる大迫元繁《おおさこもとしげ》（一八八三〜一九六五）は次のように論じている。

昔時の指導者なるものは、おおむね指導者というよりも命令者、号令者、あるいは専制者と名づくべきもので、その民衆を統率する態度は、吾独り賢しとし、あるいは傲慢《ごうまん》不遜《ふそん》、余程の圧制振りを発揮したものであったが、それで、そのまま済んでいた。しかし、現代では全くそうではない。等しく指導者とは言っても、よく民衆に触れ、民衆を理解し、民衆の声が彼の声であり、彼の声が民衆の声であるという関係を以て進むところの指導者を得なければ、全く治まりがつかなくなった。（大迫元繁『青年に訴ふ』一九二三年、一六三〜一六四頁）

大正に入っても、政府内では依然として薩長を中心とする藩閥が強い力をもっていた。そうした状況に対する反発の声は時とともに強まっていく。そして、次第に民主主義を求める運動が活発になるなか、これまでのような専制的な指導者は「もはや時代遅れ」と見なす動きが広がっていった。

そうした風潮について大迫は、「〔かつての〕賢人政治の形式に於ては、民衆に服従はあっても自覚がない、盲従はあっても理解が〔な〕い。彼ひとりの主義思想に変化進歩はあっても、彼を除く全部の民衆には何等の進歩も向上もないのだ」（前掲書、一六九頁）と述べている。ゆえに、これからの指導者は、民衆を愛し、民衆を敬い、民衆自体を偉大にするためにその手腕を発揮できる者でなければならないと説いている。

◇独善的な指導者

各論者から指導者が変わる必要性を訴える声が挙がるものの、現実の社会では、相変わらず旧態依然とした指導者が幅を利かせていた。二〇一五年のＮＨＫ連続テレビ小説『あさが来た』のモデルとしても知られる実業家の広岡浅子（一八四九〜一九一九）は、指導者について次のように述べている。

私は世の指導者たる者が、惨めに遅れているのを、この上なく気の毒な事に思うばかりでなく自分がまず進めば、若い人々は自然に随《したが》いて来るであろうに、声を涸《か》らして叫んでも、あれでは効果のないのは当然であろうと思う事を、しばしば経験するのであります。（広岡浅子『婦人週報』３巻14号、一九一七年、三頁）

教師は「自らは酒を飲み、煙草を嗜《たしな》み、野卑《やひ》な話をしておりながら、後進者にのみ多く注文をする」、親たちは家庭で「自らの人格を吟味せずに、子女の行為ばかりを責めたがる傾向がある」（前掲誌、三頁）と広岡は続けている。

自ら範を示さずただ指示を出すばかりでは、誰も従わないのは当然である。それでも指示を出す側は、言葉だけで相手は従うものだと信じている。このような傾向は時代とは関係ないようだ。国文学者の山崎藻花《そうか》（本名は山崎麓《ふもと》・一八八三～一九四三）も、「今日」の日本において、上に立つ者の姿勢に問題があるため、後進の育成に支障を来たしていると述べている。

社会の先輩は青年をややもすると放逸であると非難し、空想的で実務に適しないと責めている。すなわち今日彼等の要求する青年は、着実で柔順で正直でなければならぬ。破帽弊袴《はぼうへいこ》の書生姿では誰でも相手にしてくれぬ。先輩の前で不謹慎な態度を少しでもとると、何となく不柔順のように考えられて採用されぬ。少くとも沈着な顔をして先輩の言はハイハイと畏《かしこ》まって聴いているようにしなければならない。いわゆる現代青年に活気が乏しいといわるるのは、青年が現代社会で歓迎する註文通りの行動をとるからである。（山崎藻花『凡人の処世策』一九一四年、二二三～二二四頁）

青年から活気を奪うような指導をする先輩が、他方で青年に対して「活気が乏しい」と非難する。自ら範を示さない教師や親と同様、態度に矛盾を来たしている。また、多くの先輩は、自分が若かった頃の品行を棚に上げて物を言う。一方的に若者に対して注文を並べるだけの先輩を、山崎は強く非難している。そして、こう続けている。

先輩の言を聴いてやるのは吾人後輩の義務かもしれない。しかし先輩にも非凡人と凡人とあるのを忘れてはならない。ある特殊の人格の高い先輩の外、吾人は彼等の言に信じ彼等の言に服する必要はないようである。（前掲書、一二八頁）

世の大多数の先輩は凡人である。山崎の主張に従って、世の後輩たちが先輩の言葉を信じず、従わなくなってしまうと社会の秩序は失われてしまう。言い過ぎの感はあるが、これは若者を導く先輩らに対して、まず自らの人格を高めることを促すための発言と捉えるべきだろう。

◇人格を高める必要性

南満州鉄道初代総裁を務めた後藤新平《しんぺい》（一八五七〜一九二九）も、人材の育成・登用に関して、上に立つ者の人格向上の必要性を説いている。

人を使うものは、部下の反対抗議を容れるだけの度量を有《も》たねばならぬ。長上に反

後藤新平（国立国会図書館所蔵）

対抗議でもする位の人物でなければ、決して仕事の出来るものでない。なるほど無闇に反対抗議することは欠点かも知れぬ。しかし欠点だからとてこれを抑制すれば部下はただ命これ従うものとなり、一の機械たるに過ぎなくなる。（後藤新平『自治の修養』一九一九年、三二四～三二五頁）

後藤の意見は、前章で鈴木画一郎《かくいちろう》が「出世の秘訣」として説いた、「絶えず感情に走り小理屈を並べて同僚や上長と衝突し、とにかく円満を欠くような事」（六一頁参照）を避けるべしという教訓とも関連する。

部下は、出世をするためには上司と円満な関係を築かねばならない。その一方で、上司と衝突するくらいの気概がなければ単なる組織の歯車と化してしまう。両者は矛盾するわけだが、どちらも決して間違いではない。

ここで重要なのは、やはり上司の部下に対する姿勢ということになるだろう。すなわち、どんな部下にも柔軟に対応できるような高い人格を備えることが、上に立つ人物には欠かせないということである。

農業教育者でのちに衆議院議員・貴族院議員を務める山崎延吉《のぶよし》（一八七三～一九五四）は、青年団の指導者についてこう述べている。

真に青年を思い、青年団を愛せば、よく己も反省して身の程を知り、品性と見識とを顧み〔る〕べきである。たとえ人これを指導者に推すも、自ら内省して足らざるを知らば、いさぎよく辞退する位の覚悟があって然るべきものである。（山崎延吉『我が青年及青年団』一九一五年、三五三頁）

青年団とは、かつての村社会にあった若者組などの集団を、近代的な青年集団として再形成した自治組織のことである。明治から大正にかけての時期に各地で結成され、全国的な組織へと昇華していった。当時、そうした青年団のあり方について多数の意見が出されていたが、山崎の著書もその一つである。

人の上に立つ人間には、まずは高い品性や見識が求められる。たとえ周囲の人からリーダーに推されたとしても、自分を顧みて、その地位に値しないと思ったら受けるべきできない。それだけの謙虚さが必要だと山崎は説いている。前章で見た、高橋是清の「〔出世の〕機会は決して作るべからず」（七一頁参照）という姿勢にも通ずる。

当時の日本では、人格の向上を訴える修養書が数多く出版されていた。そうした流行のなか、指導者に対しても模範的人物となるように努めるべきといった主張が多くの論者から出されていた。実際、この頃に刊行されていた指導者のあり方を説いた書物には、人格の向上を訴えるものが多い。もちろん、部下のやる気を引き出すことや、部下の技術を高めてやることの重要性を訴える記述もないわけではないが、そうした指導者としてのスキルやテクニックを身に付けることよりも、まずは自らの人間性を高めることを重視する意見が多くを占めていた。

なお、今日では、リーダーに必要とされる要素として、高い「人格」と指導者としてのスキルやテクニック、すなわち「能力」、その両方が必要であるとする意見が一般的となっている。

一〇〇年前の段階では、指導者は育成するものではなく、その資質を備えている者がなるべきという意見が主流を占めていた。いわゆる「リーダーシップ資質論」である。そのため、リーダーとしての具体的なスキルやテクニックを学ぶという考え方自体がそれほど注目されていなかった。

現在では逆に、指導者は育成できるものとする認識が主流となっている。こちらは「リーダーシップ行動論」と呼ばれる。この理論では、教育や訓練によってリーダーとして適切な行動ができるようになると考えられている。書店のビジネス書コーナーを見ても、そうした傾向がうかがえる。

② 政治家は腐敗堕落から脱却せよ

◇国民を顧みない政治家

昨今の新聞の報ずる所によれば、否いついかなる時代に於ても日本の政府当局者の全力を傾倒する問題は政権の維持であって国民生活の安定ではない。貴族院との諒解《りょうかい》とか野党との妥協とか元老に迎合するとかいう問題に対しては必死の努力をするが、国民のパンの問題等になると、目下折角調査中とか、漸次改良を図るとか、その遁辞《とんじ》は常に等しく、冷々淡々たる事、吾れ等が支那動乱を視るよりもなお甚しい。

日本の政治家にとっては内閣の寿命を一議会延ばす事の方が物価の昂騰《こうとう》を数年続けるよりは遥かに大切なのである。失業問題等よりもいかにして議会を無事に切り抜けようかという事がより以上に重大なのである。（望月潔『事業と広告』２巻２号、一九二六年、二〇頁）

各分野に指導者がいるなかで、とくに注目を浴びるのが政治家である。市民を代表する立場である政治家には、一般により高い資質と真摯な姿勢が求められる。だが残念なことに、現在それらを備えた政治家は少ない。今日と同様、一〇〇年前の日本においても、政治家に対する批判や注文は国民から多く出されていた。

雑誌『事業と広告』の編集長であった望月潔（生没不詳）は、半ば諦念《ていねん》を抱きつつ当時の政治について語っている。政権の座にある者たちがまず重視するのは政権の維持であり、国民生活は二の次でしかない。民主主義の実現を求める機運が高まっていた一〇〇年前、国民の政権を見る目はとくに厳しくなっていた。「いついかなる時代に於ても」と望月が語ったとおり、一〇〇年を経ても状況は変わっていない。

政治家の姿勢を問う意見のなかには、過去の政治家と比較しながらこき下ろすものも少なくなかった。讀賣新聞は、社説で次のように述べる。

我国の政治家を顧れば、実に何という体たらくぞ。それも西郷、大久保あたりまではよいが、山縣の政党懐柔、星の議員操縦、原の党勢拡張等は、ただ政治腐敗史を編むものに好箇《こうこ》の資料を提供するだけで、毫《ごう》も世道を明らかにし人心を正すに足るものがない。もしありとせば、それは彼等の行為を憤るが故に反動的に刺激されるに過ぎないものである。畢竟《ひっきょう》近時の我国で成功した政治家なるものは、臆面もなく人心の弱点を利用するに勇敢であったものに限ると言い得る。（『讀賣新聞』一九二二年六月一日付）

いわゆる維新の英雄とは異なり、その後の時代を率いる指導者は政局に明け暮れてばかりである。そんな不甲斐ない政治家たちを、讀賣新聞の論者は嘆いている。

元老として晩年まで政界に強い影響力を持っていた山県有朋（一八三八～一九二二）、政界で比類なき手腕を発揮したといわれる星亭（一八五〇～一九〇一）、立憲政友会の党勢拡大に努めた原敬（一八五六～一九二一）、いずれものちの評価はさまざまだが、同紙は西郷隆盛（一八二八～一八七七）や大久保利通（一八三〇～一八七八）と比して彼らを論難《ろんなん》する。

前節の大迫元繁（七九頁参照）の言葉にもあったように、昔の指導者は「おおむね指導者というよりも命令者、号令者、あるいは専制者と名づくべきもの」であり、一存で進むべき道を決めることができた。しかし、デモクラシーの時代にそうした指導者は適さない。さまざまな意見に耳を傾け、時に政略を駆使し、周囲の支持を得なければ政策を実現することはできない。そうした状況下で、指導者としての決断力、実行力を発揮するのが難しいのは当然である。その責を政治家の資質に求めるのは酷であろう。

法政大学の教授であった高木友三郎《ともさぶろう》（一八八七～一九七四）は、この点について次のように語っている。

現代の維新の反動時代となり、人材払底の観があるが、同時に考うべきは時代の変化である。為に、よし偉人が上に号令するも明治時代の如く事が進まない。時代の変化とは他でもない、政治その他各方面の民本化がそれである。

なるほど、木戸、大久保、西郷は言うまでもない。伊藤、山縣、大隈など人物であった事は今の人々を抜く。しかしながらたとえ今日これらの元勲、元老が再来するも、果して昔日彼等がやった如く、うまく政治がやれるか。かく問われる私はこれを否定せざるを得ない。何となれば善かれ悪かれ、民衆は自覚してまた昔日の民衆でない。民衆は自己の意慾をより多く充たさんとし、自己の判断により多く訴えんとする。

明治時代は彼等の権力で彼等が国策を遂行せば、民衆は僅かの者を除き他の大部分は彼等についていった。しかるに今や民衆は然らず、いな、反対に彼等はややもすれば民衆に引きづられんとする。そこれ彼等と民衆とその志向の一致する時は好いが、然らざる時は彼等せっかくの国策も経綸《けいりん》も施すに由がない。これまた偉人少なし人材欠乏の観を呈する所以である。（高木友三郎『新使命』３巻５号、一九二六年、九頁）

政治の世界に有能な人材が見当たらないのは、政治家の資質が低下したことよりも時代が変化したことに大きな原因があると、高木は冷静に分析している。現在でも維新の英雄を賞賛する声は絶えないが、高木が言ったように、もし彼らが今の日本に現れたとしても、当時のような指導力を発揮することは難しいだろう。

◇国会での野次・乱闘

前掲の讀賣新聞は、維新の頃に比べてその後の政治家のふがいなさを嘆いているが、単にノスタルジーに浸りながら「近時」の政治家を批判していたわけではない。この頃の国会には、今日の基準で見ても質が低いと言わざるを得ないような政治家が確かにいた。同紙は、議場で醜態をさらす政治家の存在を踏まえたうえで、次のように続けている。

> 吾人は政治家の言行が美談として伝えられた時代から、それが国民の前に隠さなければならない状態に変遷して来たことを深く悲しまざるを得ない。殊にそれが次代の国民となるべき子弟の教育上、甚だ好ましからざる影響を与うべきとを思うて、むしろ寒心に堪えないものすらある。（前掲紙）

ここでは具体的な言行に触れていないが、当時の政治家が問題発言を繰り返していたことを示している。実際、この頃の国会では、議場において不適切な野次を飛ばす議員が少なくなかった。衆議院議員の菊池謙次郎《けんじろう》（一八六七〜一九四五）も、過去との比較において「今」の政治家の野次について述べている。

自分はまだ学生時代に、時々帝国議会というものを見物したことがある。その当時はまだ議会というものが、創立当初であった為めか、現在のような下劣な野次を飛ばすものは一人としてなかったことを良く記憶している。今に至って当時の国会の有様を追想してみると、実に厳粛であった。然るにこうした厳粛さは日を経、年を重ねるに連れて、段々薄らいで、現在では昔日の厳粛さは影形もなく失せてしまった。時代の進むに連れて、人文日に進むに従って国会は日に厳粛さを加うべき筈なるに、反して、日に堕落していくに至っては、いかに我が政界が堕落しきっているかということを推して知るべしである。（菊池謙次郎『新使命』2巻3号、一九二五年、五五頁）

政治家が指導力を発揮できない原因は、時代の変化に求めることもできる。だが、議場で下劣な野次を飛ばすという行為は、その人物の資質にも問題があると言わざるを得ない。この点においては、議員の資質が低下したという指摘は間違いではないだろう。のちに「憲政の神様」とも呼ばれる衆議院議員の尾崎行雄《ゆきお》（一八五八～一九五四）は、一九二五（大正一四）年二月三日に衆議院の議場で起きた乱闘事件を踏まえて、議員の質の劣化に言及している。

議員の失態醜態乱暴狼藉は、年々益々増加するばかりである。いやしくもこれを見聞して失望しないものはなかろう。中にはあいそをつかし嘔吐の気を催すものもあろう。国民の多数が衆議院に絶望する時はすなわちこれ立憲政体破滅の時である。一念ここに及べば身の毛もよだつほどの恐怖を感ずる。

従来とても衆議院の失態醜態は数えきれないほど多かったが、今期議会に至って、いよいよ甚だしくなった。反対党の議員中守衛殴打その他の乱暴を働いたものは、懲罰に付せられたが、政府党の議員にしてその同僚たる猪野毛利栄《いのけとしえ》氏を殴打し、病臥数日に至らしめた者はまだ何等の処罰をも受けない。（『大阪毎日新聞』一九二五年二月二三日付）

衆議院議員の田淵豊吉《たぶちとよきち》（一八八二〜一九四三）も、乱闘事件のあとに、当時の国会議員の腐敗堕落について次のように述べている。

尾崎行雄（国立国会図書館所蔵）

正義人道を表明し、国民の前に政見を発表しつつ議員たるを得たものが、国民を代表して国政を議する際に当って、国民の要求するところは夢想だにせずして、私利私慾、党利党勢にのみ奔走し、一度び国政を議する際ありては、党勢を計らんが為めに、反対せんが為めに反対し、反対党なるが為めに反対し、遂いには腕力に訴えて大乱闘を演出するというに至っては、如何に現在の議員が腐敗堕落せるかということは、到底言語を以て現わすの限りでないのである。（田淵豊吉『新使命』２巻3号、一九二五年、五三頁）

議場で野次を飛ばすだけならまだしも、暴力を振るうのは論外である。当日の議場では、負傷者が出るほどの激しい乱闘が繰り広げられ、のちのちまで問題となった。

今日でも乱闘騒ぎはしばしば起きているが、当時の国会では日常的に見られる光景だったという。それも、国民のための政策論争が過熱して起きたのでなく、党利党略の果てに起きたとあっては弁護の余地はない。

◇出る杭を打つ風潮

暴力にまでは至らなくても、政敵を貶めるために政治家同士が誹謗中傷を繰り広げる様は、さらに日常茶飯事と言えるほどの光景だった。元衆議院議員の田川大吉郎《だいきちろう》（一八六九〜一九四七）

は、そうした風潮について次のように述べている。

　我国に於ては甲党乙党互いに中傷これ事として、敢てその人の美を為さしめず、その才能を尽さしめず、その欠点のみを探り出し、その人の揚足取りを為さなければ止まない。外国人が日本に大人物なしというも当然である。自ら侮って人これを侮る、いかなる人物をも三文の価値なきが如く誹謗中傷する日本人中に、他人の見て人物なしとなすは必然ではないか。

　昨年大隈侯を反対党は何というてこれを讒誣《ざんぶ》したか、外国では大隈侯は偉人であるといっている。然るにその偉人を有する日本では様々な悪口をいい欠点を挙げて中傷している。決して大隈侯を援《たす》けてその才を尽しその美を為さしむる事をしない。これが我国に真の代議政治の発達せざる所以である、郷党がその中から出た人物を鼻垂らしの時代をのみ記憶して、事を為し得るの人材となっても、なおこれを軽蔑して推挙する事を為さないと同じである。

（田川大吉郎『一大帝国』2巻2号、一九一七年、三四頁）

　他人を誹謗中傷するのは、古今東西どこの社会でも見られる。ただ、田川が指摘しているように、日本人はどうもその傾向が強いようだ。「出る杭は打たれる」の言葉どおり、日本には特定の人物が集団から突出するのをよしとしない風潮があることは事実である。

同志社英学校開校時に駆けつけた学生の一人として知られる倫理学者の中島力造《りきぞう》（一八五八〜一九一八）は、日本人の人間関係について、「島国根性」というキーワードを用いて次のように述べている。

日本の社会には、小理屈をいう人が非常に多くある、島国的である、島国の卑屈根性で、政治上でも何事でも、成功すればすぐ悪く言って、その人を叩き抑える、学校に於ても、ある青年が少しく良く出来ると、直ちにいじめる、四方八方より、いじめ始める、一般物が良く出来るならば、奨励して「君はよく出来る、もう一層御奮励なさい」と、いうのが当り前である、一般の社会に於ても、商売に上手であって、金を儲ける人があると、いかに正直でも批難する、また官吏でも少し腕利きで出世すると、その人を罵る、また学者でもその人が何か発明でもすれば、すぐ悪くいう、こういう風は、一日も早くなくしてしまいたいと思う、もう少し大きな心を持ちたいものである、今後は島国根性を抑えて、もう少し大きな心を持つようになりたいと思う。（中島力造『道徳と経済』一九一五年、三八〜三九頁）

中島の指摘は、必ずしも指導者だけを対象にしたものではないが、人の上に立つようになった人物に対する扱いを表す記述として読むこともできるだろう。それまで横並びだったなかで一人だけが抜きん出ると、すぐにこれを潰そうとするといった風潮は今日でも残っているが、この頃は今以上にその傾向が強かった。

かつての村社会では、個人や家よりも村という共同体が強い力をもち、人々の行動を規制していた。共同体の構成員は集団の秩序を維持するため、常に横並びの状態を保つことが必要とされた。多数派に同調することが暗黙のうちに求められ、これを逸脱する者は、時に制裁や排除の対象とされた。

集団の規律に背いた者だけでなく、非凡な才能を発揮する者も同様に扱われた。村社会を平穏無事に維持していくうえで、突出した存在を叩くという行為は止むを得ないことでもあった。流動性の乏しかった村社会において歴史的に形成されてきたこの慣習は、好むと好まざるとにかかわらず、ある種の文化として受け継がれ、近代に入ってからも根強く残っていた。

そうした文化は、日本が近代化を推し進めていくうえで足かせにもなっていた。田川は、先述のとおり「偉人」を中傷する風潮が真の代議政治の発達を妨げていると主張している。

もっとも、野党が政敵を打ち負かして政権奪取を目指すのは当然のことである。政治の本質が権力闘争である以上、この構図は昔も今も変わらない。誹謗中傷も、そのために必要な手段の一つと捉えることはできる。だが一方で、国民は政敵の誹謗中傷を繰り返すばかりの政治家を決して望んでいない。権力闘争に明け暮れる政治家の姿を、むしろ批判的な目で見ている。

大正デモクラシーの時代、国会では立憲政友会をはじめとする各政党が政権を争い、スキャンダルの暴露合戦を行っていた。マスコミもそれを大いに煽った。結果として、国民の政党への失望感が高まっていく。「決められない政治」に批判の目を向ける国民の期待は、もはや既存の政治家に向いていなかった。このことが、やがて軍部の台頭を招くことにつながっていく。

田淵豊吉（九三頁参照）は、当時の政治の惨状を嘆きつつ、次のように述べて未来に期待を寄せている。

惟《おも》うに国会開設以来ここに五十回、未だかつて今日程、議員の腐敗堕落せるを見ず。国民は一時として斯《かか》る輩に国事を委ねることが出来ようか。政治は即ち国家の政治であり、また国民の政治である。斯る輩に日本の国事をいつまで委ねんか、到底理想的日本を建設する事は不可能事である。宜しく新日本の建設は目醒めたる青年の手に俟《ま》つ外はないのである。（田淵、前掲誌、五四頁）

田淵がそう述べた一九二五年当時の青年らは、期せずして戦後の「新日本の建設」において主要な担い手となった。戦争を終えた頃には、かつて腐敗堕落を批判されていた議員の多くは第一線を退いている。そして、政党を押し退けて政治の主役に躍り出ていた軍部はもう存在しない。

戦後に至って新たなしがらみも発生したとはいえ、日本には曲がりなりにも民主主義体制がもたらされた。だが、戦争を経て生まれた新日本は、果たして田淵の描いた「理想的日本」となったのか。議員の腐敗堕落はなくなったのか。その成り行きは言うまでもないだろう。

◇有権者にも問われる責任

政治がよくならないのは議員自身に問題があることはもちろんだが、そればかりとも言えない。のちに第二九代内閣総理大臣に就任する犬養毅《いぬかいつよし》（一八五五～一九三二）は、議会が庶民の期待に反する状況になっていることについて、社会にも責任があると述べている。

　これを社会が黙過するから改善が行えない、新聞紙などもこれを面白がって煽動するの気味がある、これは大に慎まなくてはならない、大体初期以来の議員と今日の議員とを比較すれば、質において低廉となり知識の分量の点においては優った観がある今日の議員も、知識において優れりというも、これと反比例に道徳的人格において下落を来している、これは単り議員のみの罪ではない、社会全体の罪といい得るこれ等悪習慣を打破するのは短日月では成就し得られない。（『大阪朝日新聞』一九二三年三月二八日付）

一概に「社会」と言っても、それが指すものは多岐にわたる。なかでも重要な役割をもっているのは有権者である。当時、選挙権をもつ国民は限られていたが、有権者が自らの権利を行使し、政治に対して意思表示をすることが重要であったことは今と変わらない。

先に挙げた讀賣新聞の社説（八八頁参照）は、来たる東京市会議員（現・東京都議会議員）選挙を引き合いに、選挙が政治を変える「好箇の機会を与うるものである」と述べている。

政治は職業政治家の利益のために存せず、市民各自の生活の安全及び幸福の増進のために存するものとせば、この市民の利益を犠牲にして自己の利益を図らんとするが如き親方政治圏内の者は、まず悉《ことごと》くこれを排斥して市政を彼等の手から救うことが必要である。これが出来て初めて市政が軌道の上を滑り得る。（『読売新聞』一九二二年六月一日付）

選挙を経ても政治の本質は変わらないが、選挙によって、腐敗堕落が目に余る政治家を排除することはできる。前述したように、選挙権自体がかぎられた市民しかもち得ていなかった時代だったとはいえ、その可能性に期待を寄せるというのはまっとうな指摘である。だが、実際は投票に行かない有権者も少なくなかった。

東京市牛込区（現・東京都新宿区）の元区議会議員で当時記者を務めていた宮田暢《のぶ》（一八八五

〜一九二九）は、一九二〇（大正九）年の衆議院議員選挙において、牛込区などで棄権した有権者の多くが知識階級、すなわち官公吏、会社員、学校教員らであったと指摘している。

宮田は、そうした知識階級の有権者はいわば「無識階級」であると皮肉を込めて断じ、彼らが自覚をもたねば政治的な発展は困難であると述べている（『區政春秋』一九二二年、七六〜七七頁）。続けて、投票を棄権する有権者が多いことについて次のように言及している。

公の選挙は公の義務で、かつ権利である。しかるに国会はともかく府会市区会議員、いわゆる調査委員なぞの選挙に於て投票権を行使せざるいわゆる棄権者が多いのには驚く、而《しか》してこれらの連中に限り、公の問題に対し自己の義務も権利も尽さずしてカゲでブツブツいって市政の紊乱がドウの区役所の役人が不都合だのと罵り、忠君愛国奉公の精神は自己の独占物の如く夢想しながら国憲に遵《したが》い、国法に據《のべ》る選挙という公の責務を怠る非公民である事を忘れている。（前掲書、七八頁）

今日でも、選挙権を放棄しておきながら政治に対して文句を言う人は多い。投票に行くのも、政治に意見するのも自由であるが、棄権して愚痴を言うのは矛盾していると言わざるを得ない。

宮田が棄権者を非難した一九二〇（大正九）年の第一四回衆議院議員選挙の投票率は八六・七

パーセントであった。明治から大正にかけて行われた総選挙の投票率は、おおよそ八〇から九〇パーセント台を維持していた。それに対して昨今（二〇〇〇年以降）の同投票率は、五〇から六〇パーセント台でしかない。制限選挙の時代と単純に比較はできないものの、今日の日本における投票率は決して高いとは言えない。諸外国と比較しても、低水準であることは明らかである。

一九二〇年時点で選挙権が付与されていたのは、直接国税三円以上を納めている満二五歳以上の男性だけだった。一九二五（大正一四）年に普通選挙制が導入され、納税条件が撤廃される。これにより満二五歳以上の男性が選挙権をもつようになった。女性が選挙権を得るのは、そこからさらに二〇年以上の時を要する。

今日、選挙権は一八歳になると当たり前のように与えられ、その価値の重さは感じにくい。一方、一〇〇年前の日本では、政治参加の権利を求め、多くの人が奮闘していた。先述の吉野作造（二五頁参照）もそうした動きに大きな影響を与えた一人である。彼の唱えた「民本主義」は多くの国民の支持を受け、普通選挙運動の指針とされた。国民の政治参加の権利は決して当たり前のものでなく、先人たちの尽力によって勝ち得てきたものだということを忘れてはならない。

3 教育者は人格を向上させるべし

◇批判にさらされる教師

ある小学校で、「教師」という文題を課した時に、「教師は、人にて作り、生徒を叱る道具なり。」とかいう文章を作った生徒があったということは、随分古い話だが、もし今の中学校などで、同じ文題を課したなら、定めて、「教師は、骨と皮とにて作り、人間の子に、害毒を注入する器機なり。」くらいなことは書きかねまいと思う。（高島米峰『悪戦』一九一一年、三〇三頁）

のちに東洋大学の第一二代学長を務める社会教育家の高島米峰《べいほう》（一八七五～一九四九）は、「今」の教師を「害毒を注入する器機」と痛烈に皮肉っている。もっとも、高島は右記の標題を「教育家」としているが、彼の言う「教育家」には、大衆に向けて演説をする人や、文学で社会に影響を与える人も含まれている。そうした広い意味における教育家を批判の対象にしており、必ずしも学校教師だけを槍玉に挙げたわけではない。

このように言う彼自身も教育家であり、たとえば、金さえ払えば何でも通ると考えているような世の不心得者に対して、「これを教育して、真人間にしてやるのが、僕の天職だ」（前掲書、三〇四頁）と語っている。つまり高島は、学校の教師を含む世の教育家は、広く一般大衆を正しい方向へ教え導く存在になるべきだと訴えているのである。

また高島は、「今の時のように、学校の教師が、機械視されるのを止むを得ない場合には、僕のような教育家の存在も、また必ずしも不必要ではなかろう」（前掲書、三〇四頁）と述べ、自らが本来の教育家としての務めを果たす立場にあると自認している。

ところで、彼は教師を「器機（機械）」と批判的にたとえているわけだが、急速に工業化が進む時代のなか、学校を工場、教師を機械と皮肉る論者は高島だけではなかった。

教師が機械にたとえられてしまう原因は、往々にして教師よりも教育制度にある。学校の教師は、国が定めた制度に従って教育に携わる立場にある以上、個々の尽力で教育に変革をもたらそうとしても当然限界がある。それでも世間は、その担い手たる教師がしっかりすれば教育はよくなると考えがちである。

今日、戦後の学校教育を批判する声は大きい。これと同時に、戦前の学校教育を美化する意見も根強い。だが、戦前の学校教育も決して優れたものではなかった。高島の指摘からもその一端がうかがえる。

また、一概に戦前の学校教育と言っても、その時々によって方針は異なり、決してひと括りにできるものではない。戦後同様、当時の教育関係者らは、時代の趨勢に左右されながらより良い教育を目指して試行錯誤を繰り返していたというのが実際のところである。

のちに大阪市立大学の第三代学長などを務める経済学者の福井孝治《こうじ》（一八九九～一九七七）は、当時の日本の教育について次のように述べている。

教育はと見れば維新以降智育の一方に偏して徳育はほとんど閑却せられ、ややもすれば課外の景物視せられたる結果、智にのみ走って人格これを伴わず、極端に言えば学校はある意味に於て不良少年製造所とも見られざるではない、これにひきかえ不完全ではあってても昔日の教育には教師の徳望人格という模範躬行《きゅうこう》の中心があって、読むと書くとは第二としてもその人格徳望を慕うてこれに倣うことが主であった。（福井孝治『今の政治を何と見る』一九二五年、一五～一六頁）

福井がこのように述べた大正末期、修身科は学校教育における筆頭教科とされていた。一八八〇（明治一三）年の改正教育令により、国語や算数といった一般教科以上に道徳教育には力点が置かれるようになった。

今日、戦前の修身科について、忠君愛国の精神を植え付けていたというマイナスイメージだけで捉えられることがある。だが実際は、戦後の道徳教育同様、他人を思いやる心を養う、規範意識を高めるといったことも大きな目的とされていた。

その手法は暗記重視だったが、子どもに考えさせ、意見を求めるといった、双方向性を重視した取り組みもなかったわけではない。現場の教師を含む当時の教育関係者のなかには、修身科をより望ましい方向へ導こうと尽力する人がいたことも事実である。

それでも福井は、「徳育はほとんど閑却《かんきゃく》せられ」と述べている。道徳教育は学校のカリキュラム上では重視されていても、多くの現場では必ずしも力が注がれていたわけではなかったようだ。福井同様、修身科が導入されても、子どもの道徳心が向上しないことに疑問を投げかける人は少なくなかった。そうした事実は、当時から少年の非行、犯罪、あるいは自殺などが社会問題となっていたことからも分かる。これらを道徳教育のさらなる強化で改善しようとする動きもあったが、目立った成果は上げられていない。よって、実効を伴わない教育に対する批判の声も時とともに増していた。

現在、道徳の教科化によって、イジメなどの問題解決につなげようとする動きがある。だが、そもそも学校における道徳教育によって、子どもに関する問題を解決しようとすること自体に無理がある。実効性が期待できるメソッドがあるのならともかく、問題解決の手段として道徳教育に過剰な期待を寄せるのは避けるべきだろう。

効果が不明確なまま道徳教育にすがるのは、結局は現場への負担の押し付けにつながるだけである。教科化に伴う評価の導入を含めて、過度のプレッシャーによる教師の疲弊が危惧される。

◇求められる人格の修養

世の中には教師次第で「教育はよくなる」と考える人が少なくない。福井孝治もそうした立場から意見を述べているが、「今日の教育者の人格に学んでは虎を画《えが》いて成らず却《かえ》って狗《く》に類するくらいは忍ぶべきとしても、悪くすると泥棒猫に類したものになるかもしれない」（前掲書、一六頁）と続けたうえで、次のような具体例を述べている。

義務教育を施す尋常高等の小学校はと見れば、女教員が男教員と密通したり男教員が受持の女学生に私通して処女の神聖を破壊したり、給料値上の要求に生徒を休ませて同盟欠勤したり、さながら無産労働者の獰猛《どうもう》振りを発揮する者である。これが大日本を背負って立つ未来の国民の教師の所作とは言われようか。（前掲書、一六～一七頁）

言うまでもなく、新聞沙汰になるような行為に及ぶ教師は例外的な存在である。そうした一部の不適格者がクローズアップされて、ひと括りに「教師の質の低下」が指摘される風潮は昔も今も同じである。人格者であることが当然のごとく求められる教師のなかに、僅かであっても右記のような不適格者がいることを世間は許さない。

さらに福井は、「三尺退いて師の影を踏まずとさえ畏敬《いけい》した師に対して、棍棒《こんぼう》を揮《ふる》って殴打したり、汚物を頭上から浴びせたりするような狂暴な生徒を出だした学校も二、三にして止まらない」（前掲書、一六頁）といった出来事を挙げている。そうした事例と相まって、教師に対する批判はより厳しくなる。生徒の悪行を教師の責任に帰するのは酷であるが、教師の姿勢如何によって生徒の態度は変わるとする考え方は根強いものであった。

当時、女学校および女子高等師範学校で教鞭をとっていた石黒あさ（三九頁参照）も、教師の人格向上の必要性を説いている。

> 理想の教師たる要件は、種々あれども、高尚なる人格ということに包含することが出来るのである。教師の一声一笑の児童に影響する力は大である。その人格が知らず識らずの間に、被教育者を化するのであるから、教師たるものは、常に精神修養に努力しなければならんのである。（石黒、前掲書、一〇八頁）

先に触れたとおり、当時は人格の向上を喧伝する修養書が多数出版されていた。人格の向上はすべての日本人に必要とされたが、教師など人の上に立つ者に対しては、その必要性がとくに強く訴えられた。前節で見た政治家同様、教師に対しては世間からも厳しい視線が向けられる。人を教え導く立場にある以上、それ相応の高い人格を備え、誠実に務めを果たさねばならない、と。

福井は、先の醜態を演じる教師の事例に続けて、「こうした不人格な教師に就かしむる程なら、むしろ義務教育などは廃止して昔日《むかし》にかえって村学究や寺子屋に一任して、日常の文字でも教えた方が却《かえ》って純真な国民を造り得らるるではなかろうか」（福井、前掲書、一七頁）と述べている。かなり飛躍した主張にも思えるが、この頃は近代教育そのものを否定的に捉える意見は多かった。今日、戦後教育が戦前との比較という文脈で批判されるのと同様に、戦前の教育制度は近代以前の教育と比べて謗《そし》りを受けていたのである。

教育評論家の志垣寛《しがきひろし》（一八八九〜一九六五）も、かつての寺子屋との比較で近代教育を批判している。

教育の普及、学校の創建、教育の革命が何を将来したか。一斉的器械的大量生産の方法で人間の生命が作れるか。人格的教育が可能であるか。能不能、優劣賢愚千態萬様の個性人を一斉に一時で手っとり早く仕上げんとする。個性を抹殺せずして出来ようはずはない。教育は工業である。教育は科学である。個性や感情や人格の問題を当分工場の戸棚や、研究録という帳面の中にしまいこんでおいて、さっさと仕事を進めていった。非常な勢で教育が進歩した。普及したのである。（志垣寛『教育教授の没落』一九二五年、一〇一〜一〇二頁）

今日でも類似の指摘をよく耳にする。志垣が「教育は工業である」と述べたように、システム化された学校において、生徒一人ひとりの個性を重視して指導することは難しい。志垣は「教員は職工のみ、器械の如く動くのみ」（前掲書、一〇一頁）と述べ、「鐘がなって教壇に這《は》い上り、鐘の合図で追い出され、年期がくればトコロテンみたいに学校を押し出していく毎日の仕事をみずや」（前掲書、一〇二頁）と嘆いている。

河上肇（国立国会図書館所蔵）

批判に晒《さら》されることの多い教師ではあったが、これを擁護する声もあった。『貧乏物語』などの著作で知られる経済学者の河上肇（一八七九〜一九四六）は、教育家について次のように述べている。

教育家という者は、自分の作った仏を拝む彫刻師のような者だ。彼等は多くの少年青年を自分等より偉き者に仕立てつつ老い行く一団の献身者である。彼等より偉くなった往年の少年青年が今日彼等を軽蔑するとは言語道断の次第である。〔中略〕

自分が教わった先生の恩を感謝する気分があるならば、それを推して、他人の教わっている教師も尊敬せねばならぬ。個人的の関係如何に係わらず、社会的に教師という者そのものを尊敬せねばならぬ。（『大阪朝日新聞』一九一六年一月三日付）

教師を批判する者を含め、社会で活躍している人たちは、それまでに学校で教育を受けている。河上は、「教育家を責むるのみならず、吾々自身が国民総掛りで教育家を助けねばならぬと確信する」（前掲紙）と述べ、各々の恩師だけでなく、教育の職に携わる人たちに対して社会全体がもっと敬意を払うべきだと主張したのである。

◇教育制度に対する批判

社会運動家・評論家として活躍していた佐野袈裟美《けさみ》（一八八六〜一九四五）も、河上同様教師を擁護する立場をとっている。彼女は、詰め込み主義や画一的な教育、さらには政府の教育への過剰な干渉といった点を問題視し、当時の教育制度全般に批判の矛先を向けた。そのうえで、次のように述べている。

されば現代の教育家の無能をのみ責めるのは無理である。全体の教育制度が誤っているのである。教育家が自分の職務の上に於いてもっと自由が与えられるようにならなくては、どうすることも出来ないであろう。（佐野袈裟美『社会改造の諸問題』一九二〇年、三〇三頁）

繰り返しになるが、佐野の言うとおり、教育の問題は教師よりもまず制度に根本的な原因があると考えるべきである。教師は、決められた制度の下で生徒と向き合っている。そのなかで生じた問題の責任は、現場の教師だけに押し付けられるものではない。

育児思想の啓蒙から障害児の教育まで多方面で活躍していた医師・教育者の三田谷啓《さんだやひらく》（一八八一～一九六二）も、同様の文脈で近代教育について批判的に述べている。

日本の教育が『つめ込主義』、『鋳型主義』『丸呑主義』であることは、事実である。教育家も、学生も、この束縛の縄で結ばれて苦しんでいるので、「教育の自由」というようなものはほとんどない。日本の教育は、角なものも、円いものも何でも一個の型に入れて育てるという式である。人間を丸で人形でも造るかの如く、心得ている我国の教育は、実に世界一品である。人間の本性を全く忘却されているのである。教育の進歩せざるはこのためである。

（三田谷啓『外へ外へ』一九一五年、一〇八頁）

もっとも、こうした指摘は当時の教育関係者らも重々承知しており、改革の必要性を自覚していた。実際、近代教育制度は、実施当初から常に批判の声に晒され、改善に向けて試行錯誤が重ねられてきた。その傾向は戦前も戦後も変わらない。とくに、詰め込み教育に対する批判は一〇〇年以上にわたって続いてきた。その弊害をなくすべく実施された「ゆとり教育」が逆に批判を浴び、詰め込み教育へ回帰するかのような流れを辿っていることは周知のとおりである。

大正期は、それまでの教育のあり方への反発から、新しい教育を模索する動きが活発になった時代でもある。そこでは、従来の詰め込み、画一的な教育から脱却し、子どもの個性や自発性を重視する教育が目標とされた。「自由教育運動」などと呼ばれるこの動きは、デモクラシーを求める声の高まりも相まって注目されるようになった。

本書でもたびたび言葉を取り上げてきた澤柳政太郎も、その一翼を担った人物である。澤柳は一九一七（大正六）年、東京に成城小学校を開設し、個性の尊重などを掲げた新しい教育の実践を試みた。

しかし、こうした動きは私立学校など一部の学校に留まり、全国的に広がることはなかった。

従来の教育を改めるという理想はあったものの、その方法については試行錯誤の域を出ていなかったのである。

また、当時は国家主義的な道徳教育を国が強化しようとしていた時代であり、そのなかで自由教育を目指すには自ずと限界があった。そして、大正末頃からは自由主義的な思想が弾圧される方向へと時代が進み、自由教育運動は衰退していった。

文脈は異なるものの、詰め込み教育への批判から生まれたという意味では、自由教育運動と「ゆとり教育」は同じ性格をもつ。いずれもその「理想」を実現することなく、元の方針へと回帰していったという点も共通していると言える。

試行錯誤が繰り返されてきた歴史からも分かるとおり、教育制度はいつの時代も常に問題を孕みながら実施されてきた。関係者らは、そうした「不完全」な制度の下で理想の教育を模索してきたのである。だが、そもそも理想の教育についての見解は多種多様であり、時代背景にも大きく左右される。結局のところ、何が正解なのかは誰にも分からない。

決して完全とは言えない教育制度でありながらも、近代以降の日本では、いずれの年代においてもさまざまな才能が芽生え、輝かしい業績を残す人物が育ってきた。この歴史的な事実は押さえておきたいところである。

4 教育現場に体罰は必要なし

◇一九一五年に起きた事件

現今我が国の小学校では法令を以て体罰を禁じてあるから、学校では絶対にこれを用いてはならないけれども、事実はどうであろうか。体罰を用ふる教師が多々ある。男教師は鞭を以て殴打し、女教師は抓《も》ぎったりするということであるが、これを禁じたる法令が誤りか、これを用ゆる教師が誤りか、体罰を用いずして教育は到底出来ないか。（石黒あさ『自覚主義の教育』一九一九年、二四七〜二四八頁）

昔の学校では、体罰は当たり前のように行われていた――。

こうした発言をよく耳にする。確かに、戦前の学校では体罰が行われていた。だが、それが容認されていたというわけではない。学校での体罰は、一八七九（明治一二）年に公布された教育令で禁止が規定され（第四十六条）、明確に違法行為とされた。この規定はのちに廃止されるが、一八九〇（明治二三）年の小学校令に引き継がれている（第六十三条）。

この当時、イギリスなどではまだ体罰が容認されており、日本における禁止規定は世界的にも先進的と言えるものだった。とはいえ、石黒が述べているように、法的に禁止されても、現場では行われていたというのが事実である。これは今日と変わらない。

法と現実のギャップが埋まらないなか、一九一五（大正四）年に起きたある事件を切っ掛けに、体罰に関する議論が沸き起こった。

この年の一月、東京市（現・東京都）内のある小学校の訓導《くんどう》（戦前における小学校の正規教員）が、三年生の児童に体罰を振るった。この訓導は、児童の髪の毛を掴んで床に引き倒し、頭を負傷させたとされる。これに対して、児童の父兄らが訓導を告訴し、検察局が起訴したことで世間の耳目《じもく》を集めることとなった。最終的には、訓導に罰金刑が下されて事件は収束するが、この間に体罰の可否をめぐってさまざまな意見が出された。

訓導が告訴されてまもなく、彼に同情した東京の小学校教員の有志が文部省と司法当局に檄文《げきぶん》を出している。そのなかには、次のようなくだりがある。

我国は師の子弟を罰するや頗《すこぶ》る厳格なるものなり。維新後小学校令の制定せらるるに当り、体罰の禁を設く。これ蓋《けだ》し従来の厳酷を矯《た》めんとして反動的立法ならん。思うに親は骨肉の親あり扶養の恩ありてすら、なお一二の子弟を教育するに相当なる懲戒権を有せしは親の親なく扶養の恩なくして、かつ幾十の児童を同時に薫陶せざるべからざる小学教員に親の有

する権能すらこれを与えずして、敢てその効果の挙がるを望むことを得べけんや。（『読売新聞』一九一五年六月一六日付）

親の子に対する懲戒権は、明治民法でも定められていた。ここに体罰禁止の規定はない。これを根拠に、家庭における体罰は事実上容認されていた。一方、学校では体罰が禁止されている。親に認められている権利が教師に認められていない状況に対して、現場の教師らは反発の声を上げたのである。

当時、東京高等工業学校で教鞭をとっていた飯塚正一《しょういち》（生没不詳）も、一九一五年の事件を踏まえ、自らの意見を表明した。彼は、現役教師の立場から次のように述べている。

吾人は教育上既に懲罰が必要であるならば、これが方法は一に教員に託するのが妥当であると確信するも

體罰は是か非いか
本所江東小學の體罰事件
小學教師の有志檄を飛す

都下本所江東小學校菅野訓導が兒童に加へし体罰事件は目下父兄の告訴により、檢事局の起訴する處となつて居ます、今回菅野訓導に

△同情を寄す る都下各小學教員の有志は左の如き檄文を飛ばして文部並に司法當局の反省熱慮を求める事になりました、

我等が居を同うして等しく小學教育に從事しつゝある本所區江東小學校菅野訓導は今や体罰事件を以て其父兄關係人より告發せられて刑事被告人として東京區裁判所の審理中に屬す此裁判決定の如何に依りては實に我國教育の將來に關し重大なる影響を有す豈單に同職者として同情を寄すべきのみならんや我國は師の子弟を罰するや頗る嚴格なるものなり維新後小學校令の制定せらるゝに當り体罰の禁を設く是れ蓋し從來の嚴酷を矯めんとしての反動的立法ならん惟ふに親は骨肉の親あり扶養の恩ありてすら尚一二の子弟を敎育するに相當なる懲戒權を有せしは骨肉の親なく扶養の恩なくして且つ幾十の兒童を同時に薫陶せざるべからざる小學教員に親の有する權能すら之れを與へずして敢て其效果の擧がるを望むことを得べけんや萬一判官にして若干の所罰を菅野訓導に加ふるが如き事あらば實に由々敷一大事なり敢て茲に其善後の策に就き燒んで諸賢に詳る云々

右に就き守屋市教育課長は語るやう「本件の裁判結果は無論其の影響する處も大です、若し愈菅野訓導が

△有罪の判決 を受けるとすると、一般の兒童の頭に一種教員を輕んずると云つた如うな思想の植込まれる事は否む事は出來ぬ、然し此の故を以て兒童に体罰を加へる事は仕方が無いと云ふのは間違つて居る、獨逸、英吉利は法律を以て兒童に体罰を加へてもよいと云ふ事を是認して居る國であるが、それでも頭耳、顏に

△手を加へて は不可ないと云ふ事を制定して居る、況や法律を以て体罰を禁止して居る我邦では斷じて体罰を加へて宜いと云ふ事は云へぬ、米國ウヰスコンシン州に丁度今度の出來事と同じ如うな事がありました、然し判官は教員の行爲は惡いが、若し教員に刑罰を加へたら此の結果教育界に恐るべき

△影響を及ぼ すであらうと云ふので無罪の宣告を與へました、自分は本件の如きは司法處分ではなく行政處分でやり度いと云ふ希望を有つて居ます」云々

『読売新聞』1915年６月16日付

のである。しかるに現今の小学校教員中には人格として世の信頼を集めておるものも少なくないが、悲しい哉《かな》、安んじて子弟の教養を委託するを得ざるものまた少なからぬのは遺憾の極みである。思うに体罰権は高尚なる品性を有する教員にして始めてこれを有せしめることが出来る。（飯塚正一『最近体育上の諸問題』一九一八年、二五六頁）

飯塚は、体罰権を行使するか否かは現場の教師にその判断を委ねるべきだという立場を示している。「法令によりて禁止せられねばならぬというのは、誠に大なる恥辱ではあるまいか」（前掲書、二五七頁）と続け、先の教員有志と同じく、体罰を法で規制することに反対する。結論として、「吾人は体罰問題は実に人格問題によって解決せらるることを信じて疑わぬのである」（前掲書、二五七頁）と述べている。高い人格を備えた教師という曖昧な条件を示している点はさておき、彼も実質的に体罰を容認する立場をとっていた。

◇体罰を肯定する意見

元文部官僚で、のちに東京女子高等師範学校（お茶の水女子大学の前身）の校長などを務める教育者の湯原元一《もといち》（一八六三～一九三一）も、教育現場を経験してきた立場から、一九一五年の体罰事件について持論を展開している。

さてこの子弟間の関係を法律を以て決するという傾向は、一面から見ると悲しむべき現象には相違ないが、今日のような法治国に於ては止むを得ないことといわねばならぬ。したがって、かかる事は将来に於てはしばしば起るものと見ねばならぬ。いやしくも傷害の罪と名がついて法律上の問題となった以上は、いかに弁護してもやはり処罰を免れぬことであると思う。（湯原元一『教育及教育学の改造：実際的教育の主張』一九一六年、五二一〜五二二頁）

湯原は、体罰の問題が法廷にもち込まれたことについては遺憾の意を示しながらも、時代の趨《すう》勢《せい》としてこれを受け入れている。それまでは専ら学校内の問題と見なされていた体罰が、この事件を機に社会的な問題として扱われるようになる。

湯原が述べたとおり、これ以後今日に至るまで体罰が刑事事件として扱われるケースがしばしば見られるようになった。彼は次のように続けている。

出来得るならば、学校内に於ては徳義問題のみあって、法律問題がその中に侵入せぬようにしたいけれども、先にも述べたようにそれはなかなか望み難い。〔中略〕かくの如き事件がしばしば起って、父兄の思想が一変し、子弟間の徳義問題を否認するようなことになれば、教育上に非常な悪影響を与えることと思う。すなわち教員の方では教授という自己の職務を尽しさえすればそれでよい、児童の悪癖を矯正するために色々苦心するということは却《かえ》って自己のために不利益であるというような考えを一般に起こさぬとも限らぬ。（前掲書、五二四頁）

体罰を振るった教師が法律で処罰される動きが広がると、教師は萎縮し、法律に触れない範囲で無難に職務をこなすだけとなってしまう。そうした懸念から、体罰禁止はかえって教育現場に悪影響をもたらすと訴える声は現在も根強い。

東京市内の小学校で訓導《くんどう》を務めていた樋渡廣（生没不詳）も、体罰を肯定する意見を述べている。樋渡は、一時的な感情による体罰や児童を侮辱するような体罰は否定する一方で、「合理的体罰」については肯定的な立場をとった。

合理的体罰は斯《か》くその根底に理智に働いた切なる愛情がなければならない、親の子に対すると同一のもしくはそれ以上の態度であってこそ、人は自己の為めなら全身を捧げるものであるからその刹那に愛と熱の力は千萬言に勝る教訓を与え、而《しか》して教師の人格は無限に児童に生きて行くのである。（樋渡廣『教育研究』213巻、一九二〇年、二二四頁）

「理智に働いた切なる愛情」があれば体罰は肯定される。いわゆる「愛の鞭《むち》」論である。こうした考え方も、体罰を肯定する論理として根強く残っている。

同じく小学校訓導として教育に携わっていた斎藤薫雄《しげお》（生没不詳）も、自身の経験を踏まえて体罰を肯定する意見を表明している。

教育者は、子供にとって、ある場合他律の力である。干渉束縛の必要は全然排斥する訳にはいかない。ロマンチックな教育思想は、ともすればこれを峻拒《しゅんきょ》しようとする。しかも人間の現実は子供の現実は、それ程楽観すべきものではない。性悪説は一面に於て真理である。私はかかる意味で、子供に束縛も与え、干渉もする、必要に応じては帝王の権威を以てさえ彼等に臨む事もある。だからと言って体罰を一般的に肯定しようと理屈づけるのではないが、特定な子供に対しては、ある場合許されるべき一方法だと信じているだけである。しかし濫用はあくまでも慎しまなければならない。（斎藤薫雄『教育生活と体験』一九二五年、一〇八頁）

一概に体罰を肯定しているわけではないが、斎藤は教育現場の現実を考えれば必要な場合もあると述べている。また、濫用は避けるべきとの言葉も添えている。こうした見解は、現場の教師から出されるもっとも一般的なものだと言えよう。

◇体罰を否定する論理

当時の教師の多くは条件付きで体罰を容認する考えを示していたわけだが、もちろん現場の教師がすべて体罰を肯定していたわけではない。否定的な意見を述べる者も少なくなかった。冒頭に挙げた石黒あさもその一人である。

教師の行動を観るに、多くは忿怒《ふんど》の破裂にして無定見であって、父母に於けるが如き温情は少しも味われず。児童の頭部を薬瓶で叩いて、瓶が破れたというような極端な例も多く聞いている。ですから体罰を許可することは出来ないのである。（石黒、前掲書、二五二頁）

「忿怒の破裂」とは、今の言葉に置き換えれば「キレる」に相当する。しかも「無定見」、すなわち一貫した考えをもっておらず、その場に応じて意見が変わるようでは児童を正しく導くことはできない。体罰の多くはこうした一時的な感情によって行われているという事実から、石黒は体罰を否定している。「愛の鞭」と言いながらも、実際は怒りに任せて体罰を振るっているケースは昔も今も多い。

石黒は、次のように結論づけている。

とにかく私の経験によっても、体罰によらず、出来るだけ軽くして、ほとんど無制裁にしておいても教育は完了することが出来ると思う。仏蘭西《フランス》は体罰を用いずしてしているではないか。これを以ても体罰をせずしても教育はやれるのである。さすれば我が国の教育者が禁じてあるにも拘《かかわ》らず、体罰を用うるというのは、思わざるも甚だしいのである。（前掲書、二五五～二五六頁）

学校の教師ではないが、歌人の与謝野晶子（一八七八～一九四二）も体罰問題について意見を述べている。彼女は、「現に四人の子を小学に託している私は、母としての愛からこの問題に対して明かに反対を唱える一人である」（与謝野晶子『人及び女として』一九一六年、六八頁）と立場を示したうえで、次のように持論を展開している。

私はいかなる場合にも自他の肉体を虐待することは野蛮の行為だと思っている。ま

与謝野晶子（国立国会図書館所蔵）

して学生を体罰に処することは教育の目的と正反対の行為である。目的にために手段を択《えら》ばないものである。たとい在来はそういう行為が師父に許されていたにせよ、人権の尊厳を自覚した今日の人間はそれ等のことに正しい反省がなくてはならぬ。罪人には体罰を科することがあるけれど、児童の学業品行の優劣は罪悪でないから懲罰的の処分を加うべきでない。飽迄《あくまで》も愛と威厳と道理とのある教訓を以て、当人の自省を促すのが教育者の取るべき唯一の方法である。（前掲書、七〇頁）

学校における体罰は、明治時代から今日に至るまで法的には明確に否定されてきた。しかし、実際の教育現場においてなくなることはなかった。体罰を肯定する意見も根強い。否定と肯定、それぞれの立場の間で一〇〇年以上にわたって同じような議論が続けられている。

体罰をすべて暴力と見なす意見がある一方で、体罰と暴力は別であるという主張もある。後者の見解についても、体罰と暴力の線引きは常に論点とされるところである。

だが、少なくとも手を挙げた側が教育上必要な体罰だと主張しても、受けた側がただの暴力としか認識できないような行為に「愛の鞭」といった理屈は成立しない。相手に怪我を負わせたり、死亡させたり、あるいは自殺に追い込んだりするようなケースは、言うまでもなく「暴力」である。

暴力は往々にして連鎖する。先生から生徒へ、指導者から選手へ、先輩から後輩へ、上司から部下へ――。受けた経験をもつ者の多くは、自らが上の立場になると同じことを繰り返す。

石黒あさは、体罰を振るう教師はその生い立ちにも問題があると指摘している。「これは常に人より残酷に遇せられ、終《つい》にそれが習慣となりて、人に対しても無慈悲にして無慈悲と思わないようになってしまったのである」（石黒、前掲書、一五三頁）と述べ、体罰を振るう教師は、自らが過去に受けた体罰を子どもにも与えていると分析している。

かつての村社会では、集団の秩序を乱した者、仲間内の規範に背いた者に対して公然と暴力的な制裁が加えられていた。周囲の人々も、それを黙認していた。暴力そのものは嫌悪しながらも、「指導」「教育」といった場面での暴力は必要悪として容認する。こうした風土は、世代を超えて継承され、今も根強く残っている。

教育現場において、近代に入って設けられた体罰を否定する規定は、戦争を挟んで一〇〇年以上にわたって引き継がれてきた。同時に、上に立つ者が体罰として暴力を振るう習慣も一〇〇年以上前から連綿と受け継がれてきている。理想としての体罰否定、現場における体罰容認。これまでの歴史を見るかぎりでは、両者は今後も平行線を辿るように思われる。

単にお題目として体罰の禁止を訴えても現実は変わらないだろう。死刑を廃止する代わりに終身刑を導入すべきかが議論されているように、体罰に代わる手段についての議論ももっと深めていく必要がある。そもそも、罰を与えるという発想自体が誤りであるという主張もあるが、有効な代替手段を示さずに、体罰が必要と考える人たちの意識を変えるのは難しいのではないだろうか。

第3章
すべての日本人へ

1 女性の権利を尊重すべし

◇女性に対する不道徳行為

今は前と違っているようでしても、やはり婦人の精出して働くのを見、あからさまに咎《とが》めだてせねば、密かに嘲笑《あざわら》う習慣が脱けませぬ。あれが甲斐性《かいしょう》ものというのかと、感心する中に冷かすの意味を含みます。中に随分口穢《きたな》く罵るのもあります。久しい習慣で急に脱けますまいけれど、今少しく革《あら》たまるのを当然としませぬか。（『女性日本人』2巻10号、一九二一年）

教育現場における体罰は法的に明確に否定されているが、現実には依然として根深く残っている。女性に対する差別も、これと似たような傾向をもつ問題と言えよう。「男女平等」「女性の活躍」というスローガンが叫ばれながらも、その実現に向けてはさまざまな課題が残されている。この問題については、法的にもまだ決して十分な状況とは言えない。

冒頭の訴えは、ジャーナリストの三宅雪嶺《みやけせつれい》（一八六〇〜一九四五）が創刊した雑誌『女性日本人』の記述である。一〇〇年前の日本では、各分野において女性の社会進出が活発になっていた。それまでは女性の勤め先といえば主に工場であったが、第一次世界大戦に伴う諸産業の発達を機に、女性が就く職種は広がっていった。ただ、社会で活躍する女性を嘲笑ったり、否定したりする者もいた。女性は働くことと同時に、そうした世間の風潮とも戦わねばならなかったのだ。

近代化の進展とともに、女性の生活圏は徐々に広がっていった。勤め人となった女性はもちろん、さまざまな階層の女性が新たに登場した交通手段を使って、都市部あるいは遠方の地域へと出向くようになった。多くの人が移動するようになると、不特定多数の男女が接する機会も当然増える。必然的に、女性に対する犯罪も目立つようになった。当時の都会の状況について与謝野晶子（一二三頁参照）は次のように述べている。

初めて東京駅とか上野駅とかへ夜に入って着いた地方の女子が、悪車夫のために甘言や暴力で貞操を汚されながら、訴えずして止《や》む例は断えずある事だと思います。悪車夫ばかりでなく、不良青年の同様の行為も都会には常にある事です。都会に於ては白昼電車の人込の中で婦人に戯れる色情狂の不良壮年をもしばしば見掛けます。こういうことは男の人達には意外に気が附いていないのですが、立派に洋服を着込んだ風采《ふうさい》のよい紳士でいて、突嗟《とっさ》に電車の人込で婦人に接吻したり、婦人の腋下に手を入れたり、その他靴で婦人の下肢部に触れたりするという様な卑猥な行為を平気でする壮年の男子が有ります。（与謝野晶子『砂に書く』一九二五年、一二九頁）

与謝野は、女性に対して性暴力を振るう男性を糾弾し、そうした行為を許さない社会にする必要性を強く訴えた。しかし、彼女の願いとは裏腹に、世の中の風潮は性犯罪に対してむしろ寛容ですらあった。

◇男性に甘い風潮

性犯罪に対して寛容な風潮は、『読売新聞』の次のような記述からも分かる。

そろそろ暖かい春の気分になって来ると東海道列車内には猥《みだ》りがましい間違い事が起りやすく、相当常識あり地位ある紳士も一時的の出来心から思いも寄らぬ失態をしたり、若い婦人が死ぬほど辱い迷惑と禍いに陥ったりする事が多いので、神奈川県刑事課では列車乗務刑事を一層督励し取締る事となったが、こんな犯罪によって害《そこ》なわれる婦人も多い。一方には婦人の姿態が往々男の魔の心の跳躍を盛んならしめる点もあるから婦人は自分の姿態に細密な注意をされたい。(『讀賣新聞』一九二四年三月二八日付)

「間違い」「一時的の出来心」「思わぬ失態」といった言葉からも分かるように、この記述から性暴力を犯罪と捉える意識は見えてこない。記事は、女性の側にも責任があるとして注意を訴えている。もちろん、世間の多くは被害を受けた女性に同情を寄せ、加害者の男性を批判したが、これを明確に犯罪と見なして男性に責を負わせようとする声は大きくなかった。医師の河村碧天《へきてん》（生没不詳）は次のように述べている。

俺をしていわしむれば、世間、多くの婦女子が凌辱されたという一面には、素《もと》より突発的に不意に襲撃せられて起る残虐的の暴行を外にして、その間に婦女子の方の何等かの欠陥がありはしないか、当面の危急を脱すべく努力して抵抗したというも、あるいはそこに何かの言うべからざる原因が蟠《わだかま》ってはいないか。〔中略〕

凌辱の意味を半面から見ると、それが和合的であり妥協的のものであっても、それらの関係や結果が婦人に取って不利である場合と、あるいは自己の周囲および世間に対する思惑から、その身の利益のために、はた世間体を糊塗すべく、自ら偽り欺きて心にもなき凌辱沙汰にしてしまうことが決してないとは言えない。（河村碧天『頬杖つきて』一九二六年、一二八〜一二九頁）

河村にかぎらず、女性側の問題に言及する意見は多々見られる。性暴力に対するこうした見方は今日でも根強いが、当時の男性の間では、今以上に甘い認識が蔓延《はびこ》っていた。

性暴力までは至らなくても、悪ふざけとして女性に嫌な思いをさせる事例はごく日常的に見られた。のちに日本出版協会の会長を務めるなど出版人としても活躍する教育学者の石井満《みつる》（一八九一〜一九七七）は、ある高等女学校の教師から聞いた話として、日光へ遠足に行った際の出来事について述べている。

とにかくかかる人出の時節に女学生を引率してゆくことは実に世話が焼けて閉口である。まるで狼のなかに羊を放ったようなもので、教室での修身の尊厳や、礼式の講義などはまるで三文の価値もない瓜糸《へちま》の皮のようなものであるといっていた。湯本の温泉では女学生が入浴中に、まだ他の湯が澤山すいているのに、男子が飛び込んで来たり、帰途の列車では、これも市内の某中学の制服を来た学生がドヤドヤ押込むで来て、所かまわず猥雑な歌を怒鳴ったりして、実にその無礼無恥といおうか、驕慢不埒《きょうまんふらち》といおうか、腹が立って仕方がないから、監督者の一人は開き直って、弱い若い女学生の前で乱暴な言動をして壮快を叫ぶような時代は疾《と》く既に去った。大に反省して戴きたいといったら、少し遠慮するようになったそうである。（石井満『婦人に味方して』一九二一年、二二三〜二二四頁）

この出来事のほかに石井は、カップルを冷やかしたり、雑踏でわざと女性に寄りかかったりする男性を例に挙げ、公然と下品な言動をする男性の姿が日常的な光景となっている日本の現状を嘆いている。

この頃は、今日でいう「セクハラ」に相当する行為はごくありふれたものであった。男性が、知人のみならず、見ず知らずの女性に対しても不快な言動を見せることは、日本人の悪しき風俗であると断ずる声もあった。その根底に、女性を蔑むという根深い差別意識があったことは言うまでもない。

◇声を上げる女性たち

性犯罪を容認するかのような風潮、そして冒頭で見たような働く女性を嘲《あざけ》る男性に対して、糾弾の声を上げる女性が、大正に入ると目立つようになった。その一人、自由民権運動に力を注いだ女性として知られる安芸喜代香《あききよか》（一八五七〜一九二一）は、女性を卑下する風潮を厳しく批判している。

世間の女子の中には今日でも婦女は男子に等しき脈は搏《う》たぬものと思うていらるる向がないでもなかろう、女子ばかりか、男子の側にも女子は毛が三本足りないで人と成り得なかったという猿同様に見做《みな》している学者さえも御座るようである、女子には高尚な教育は害が在

っても益はないとて高等女学校へ女子には過ぎた教育だと女子は一般に低脳者と視下《みくだ》している先生達もある。〔中略〕
当今流行のデモクラシーは人格の認識から来た思想である、土方でも牛屠《ころ》しでも職業はともかくも人としての人格に於ては紳士とも差別はないとの自覚の眼を開きての叫びである、この時代に当りて女子のみ独り卑下して人格を察る眼を閉《つぶ》しておることができようか。（安芸喜代香『通俗 教育道話 第七』一九一九年、四九〜五〇頁）

デモクラシーが盛んに叫ばれていた時代、依然として残る前近代的な差別をなくすべきという声も高まっていた。しかし、男性のなかには、女性の人格を否定するかのような態度をとる風潮が根強く残存していた。安芸は右記の訴えに続けて、そんななかでも向学心に溢れる女性が増えていることを好ましい傾向であると述べ、未来に期待を寄せている。

こうした男女の平等を訴える人たちは、いずれも知的レベルの高い層に属している。経済的にも、多くは中流以上であったと考えられる。一方、当時の一般庶民のなかには、人権の概念はおろか、そうした言葉すら知らないという人も珍しくなかった。差別を受けている女性のみならず、差別をする男性も同様である。

多くの女性は差別されていることに疑問を感じつつも、知識がないために、本来は男女平等であるべきという思想をもつには至らなかった。女性論者らは、社会の制度を変えていくことはもちろん、庶民を啓発することも急務と考えていたのである。

教育者の鳩山春子（一八六三〜一九三八）は、これからの時代においては女性自身が変わる必要がある、と訴えている。鳩山は、共立女子大学の創立者であるとともに、鳩山一郎をはじめとする今日まで続く政治家の家系を築いたことでも知られる。彼女は、欧米の女性がさまざまな分野で社会進出を果たしている現状を紹介したうえで、次のように述べている。

外国では、以上の如く一生懸命働くのに、こっちでは昔の夢を見て、女は何にもせぬ方が宜い、出来ないほど、役に立たぬほど、それほど好い女といっておったら、国が亡びてしまいましょう。かくいう訳で、現今ではいかに賢くとも、殺される気遣《きづかい》もないから、否時と場合によっては、殺されることがあっても、進んでしなくてはならぬ。日本の女も器械であった時代は過ぎた。人間となったら、身体を大事に強壮にしなければならぬ。お飾りになっている時は過ぎたから、自分がいつまでも男子に頼って、男子が居なければ死んでしまうようでは、自分だけは宜いか知らぬが、国家人類の損害であります。否損害どころか、その国家は亡びてしまいます。（鳩山春子『婦人生活の改善』一九二〇年、六三頁）

この時代、安芸や鳩山をはじめとして、多くの女性が自分たちの地位向上を訴えるべく声を上げた。そのなかで象徴的な人物とも言えるのが平塚らいてう（一八八六～一九七一）である。当時の女性の動向に言及した書物では必ずと言っていいほど彼女の名前が挙げられ、女性解放運動の草分けとして紹介されている。

一九一一（明治四四）年に創刊した雑誌『青鞜』発刊の際に平塚が冒頭に記した「元始、女性は実に太陽であった。真正の人であった」という言葉は、現在でも広く知られている。だが、世の男性の多くは、彼女の主張を素直に受け止めるだけの度量をもち合わせていなかった。先述の青柳有美（七二頁参照）は、平塚に対して次のような言葉を投げつけ

平塚らいてう〔晩年〕（国立国会図書館所蔵）

雑誌『青鞜』創刊号

ている。

近頃、新しい女の平塚明子《はるこ》〔らいてう〕とかいうのが『私は太陽である』と仰せ出された。ナル程、ナル程！女は、劣等動物の半獣類よりもさらに以下で、熱と光だけはあるが生命のないという代物たる無機物に等しい者に、追々は相成るという意味の、これは自白であるかも知れませんナ。（青柳有美『中央公論』28巻9号、一九一三年、六二頁）

青柳は同じ記事のなかで、女性はいかなる面においても男性よりも劣っており、その差は決して埋められないといった持論を展開している。そして、「女は人間と猿との中間にある動物で、半獣類とでも命名すべき種属のものだろう」、「人間になるまでには、まだまだ進化に多大の時間を要する劣等動物である」（前掲誌、五〇頁）といった女性を侮蔑《ぶべつ》する言葉を書き連ねている。

そうした読むに堪えない記事を書いた青柳ではあるが、必ずしも女性差別主義者だったというわけではない。ほかの著書で彼は、「女とても男と等しく人間だ。猿のように人間より尻の毛が三本足らぬというわけでもない」（『女の裏おもて』一九一六年、一〇九頁）とも述べている。

辛辣な筆致でもその名を知られる青柳だが、女性雑誌の編集者を務めるなど、女性問題に対して理解のある人物でもあった。先の記事がどのような意図で書かれたのかについては定かでないが、少なくとも当時の世の中に、そうした差別的な主張を容認する風潮が蔓延《はびこ》っていたことは間違いない。

◇女性の自立、その難しさ

女性の人格を尊重するのはもちろん、その社会進出をもっと促すべきという意見がこの頃非常に活発に出されていた。多くの女性論者がさまざまな意見を表明するなか、「自立」という観点から女性解放を訴えた人物の一人が先に挙げた与謝野晶子である。彼女は「人間はすべて男も女も何等かの労働によって生活の基礎を自営すべきものである」（『女人創造』一九二〇年、二三四頁）と述べ、女性も積極的に社会に出て職をもつべきであり、社会はそれを受け入れる環境を整備すべきだと訴えた。与謝野は、当時の女性が働く環境について次のように記している。

男子は口でこそ実力競争を主張しますが、女子に対してはそれだけの実力を養う教育の機会を男子自身の如く与えず、また女子がその実力を発揮したくても、職業の範囲に制限がある上に、その給料や賃銀が男子に比べて非常な相違があり、男子の労働者は三、四円の日給を取る者もある時代に、女子は普通三、四十銭から最高八十銭の日給で我慢しなければならないのですから、その乏しい物質的生活の中に於て、女子が精神上の修養を試みるというよ

うな余裕のないのはいうまでもありません。（前掲書、二二九頁）

今日でも、平均賃金について、男女間で格差があることが問題視されている。一〇〇年前の日本では、女性というだけで露骨な賃金差別が行われ、今とは比較にならないくらい大きな格差が生じていた。与謝野は、女性の自立を実現するうえで、その改善が急務であると訴えた。

一方、そうした与謝野の主張とは異なる見解を示す女性もいた。その代表とも言えるのが平塚らいてうである。平塚は、社会に出て働く女性たちがさまざまな面で厳しい現実にさらされている事実を踏まえたうえで次のように述べている。

彼等職業的婦人は何を誇りとするのであろう。ただ社会的位置を得たということ、経済上の独立を得たということ、それみずからにどれだけの価値があろう。直接親や、男の世話を受けないで、自分で食べているということが、もし女のあらゆる生活を犠牲にしても惜しくないほど尊いものならば、殻を破ると、すぐひとりで餌を拾っている雛ほど偉いものはこの世にあるまい。彼等はただ物質の前に尊い人間生活を投げ出したのである。だから彼等の前途には疲労と空虚と寂寥《せきりょう》と死滅があるばかり、彼等には依然として独立した自己の生活がないのである。従ってやはり人格なきものである。いか程婦人の人格を尊重せよと叫んでも、

ない人格を尊重することは出来ない。(平塚らいてう『現代と婦人の生活』一九一四年、三六～三七頁)

平塚は、経済的な自立を目指す職業婦人の生き方に否定的な立場をとっている。同時に、女性の母としての社会的使命を重視し、妊娠・出産・育児にあたっては国家がこれを保護すべきであると訴えた。まさに女性の経済的自立を説いた与謝野晶子とは真っ向から対立する意見である。

これに対して与謝野は反論する。直接右記の発言にこたえたものではないが、与謝野は平塚の考え方に対して次のように述べている。

平塚さんは「現にあること」と「将《まさ》にあるべきこと」とを混同しておられます。現在の多数の婦人が経済的に独立していないからといって、未来の婦人がいつまでも同様の生活過程の取るものとは決まっておりません。私達は一つの理想に向って未来の生活を照準し転向しとうとするのです。妊娠、分娩、育児等の期間に於て国家の保護を求めねばならぬような経済的に無力な不幸は婦人とならないようにという自覚を以て、女子が自ら訓練し努力しようとするのです。従って、国家の特殊な保護は決して一般の婦人に取って望ましいことではなく、ある種の不幸な婦人のためにのみ巳むを得ず要求されるべき性質のものであると思っています。(与謝野晶子『心頭雑草』一九一八年、二〇〇～二〇一頁)

この論考が発表された一九一八（大正七）年頃から、『婦人公論』などの雑誌を舞台にして、与謝野と平塚はそれぞれ持論を強く訴えた。両者の議論に対して賛否両論が巻き起こり、「母性保護論争」として世の注目を集めることとなった。

◇女性の生き方をめぐる議論

「母性保護論争」から約一〇〇年を経た頃、経済評論家の勝間和代氏と精神科医の香山リカ氏による論争が話題となった。

勝間氏は、自身の著書などを通して、年収を上げることが幸せにつながるといったことを訴え、成功を目指して努力する重要性を説いた。こうした主張は働く女性らから大きな支持を集め、彼女の生き方に倣う女性たちは「カツマー」と呼ばれるようにもなった。勝間氏の見解は与謝野晶子の主張に近いと言える。

これに対して香山氏は、著書『しがみつかない生き方』（二〇〇九年）で「〈勝間和代〉を目指さない」という章を設け、勝間氏の考えに疑問を呈しながら、努力しても幸せになれるとはかぎらないという主張を展開した。経済的に自立を目指す女性に対して、「彼等の前途には疲労と空虚と寂寥と死滅があるばかり」と述べた平塚の見解と重なってくる。

両氏の議論は、必ずしも女性だけを対象にしたものではないが、女性の生き方についての重要な争点を含んでいる。論旨こそ異なるものの、与謝野と平塚の論争を彷彿《ほうふつ》させる。

勝間・香山両氏の議論に対しては、その後インターネット上などでさまざまな意見が出るとともに、両者が実際に議論を交わした『勝間さん、努力で幸せになれますか』（二〇一〇年）という本も出版されている。

もっとも、こうした女性の生き方に関する論争は、戦前から戦後に至るまで幾度となく繰り返されてきている。題目こそ違え、いずれも女性の社会進出と結婚・出産・育児・家事の相克《そうこく》がテーマとなっている。言うまでもなく、それらは一つの結論を導き出せる問題ではない。答えが出せないがゆえに、今に至っても議論が続いているのだ。

こうしたテーマは、個々の境遇に意見が左右されやすいという傾向がある。「母性保護論争」において与謝野晶子と主張をぶつけ合った平塚らいてうも、元は与謝野と同じく「良妻賢母主義」を批判する立場にあった。「良妻賢母主義」とは、男は外で仕事をし、女性は家庭で家事と子育てを担うという、当時の女性の規範として確立していた考え方である。平塚は『青鞜』で次のように述べている。

種族保存の必要の前に女の全生涯は犠牲にせらるべきものか、生殖事業を外にして女のなすべき事業はないであろうか、結婚は婦人にとって唯一絶対の生活の門戸で、妻たり、母たることのみが婦人の天職の総てであろうか、私共はもうこんなことを信ずることは出来なくなっております。結婚を外にしても婦人の生活の門戸は各人個々別々に限りなくあらねばならず、婦人の天職は良妻賢母を外にしても各人個々別々に無限にあらねばならぬものではないでしょうか。そしてその撰択の自由は各自の手に握られているものではないのでしょうか。そんなことは最早いうまでもないことでございましょう。（平塚らいてう『青鞜』４巻４号、一九一三年、一五八頁）

これに続けて平塚は、「一個の人たる婦人として男子の生活から独立してそれ自身意義ある女の生活のために、高等な精神教育を要求いたします」、「経済上の独立のない処から生ずる様々な不安や、障害を取去るために、職業教育をも要求いたします」（前掲誌、一五八～一五九頁）と述べている。先に見た「経済上の独立を得たということ、それみずからにどれだけの価値があろう」という主張とは相容れない。

その後、平塚は自らの主張を大きく変えることになった。その切っ掛けとなったのが、自らの結婚および出産である。母性に目覚めた平塚は、女性の権利擁護という立場は変わらないものの、目指す方向をこれまでとはまったく違うところに向けた。そして、与謝野との母性保護論争へと至ったのである。

平塚が考えを一変させたという事実は、この問題が自らの置かれた立場・境遇にいかに引きずられるものかを象徴している。ゆえに、立場の異なる人たちが一致した方向性を見いだすことは非常に難しいと言える。

女性にかぎらず、男性もその人がどんな立場にあるかによって意見が左右されがちである。たとえば、内助の功によって一定の社会的地位を確保した男性は、女性の活躍を推進することにそれほど積極的になれないかもしれない。その意味では、男性が大半を占める議員らも、表向きは女性の活躍に賛成しつつも、本音では賛同していない人が多いのではないかと考えられる。たびたび噴出する女性に対する失言や差別的な野次も、その姿勢の表れと言えよう。

そもそもこの問題は、どちらが良い悪いという結論を出す性質のものではない。ましてや、国があるべき方向を定めて、そちらへ向かうように促すような問題でもない。

個人がどのように生きるかは、各々が決めることである。自立・成功を目指す生き方、それを目指さない生き方、いずれもが尊重される世の中でなければならない。とくに男性は、その選択が人生の大きな岐路となる女性に対して理解を示す必要がある。そして国・社会は、可能なかぎりそれに応じた仕組みを構築していかなければならない。

しかし、現実がそうした方向へは進んでいないことは周知のとおりである。その一端を示すような出来事が二〇一八年に露見した。

◇男女平等の実現に向けて

二〇一八年八月、東京医科大学が女子受験生らに対して、入学試験で一律に減点するという操作を長年にわたって行っていたという事実が発覚した。女性医師は、出産・育児によって離職、あるいは時短勤務の必要が出てくるため、人数を抑制しようとしたことがその理由とされている。点数操作を隠していた事実に対して批判が集まったわけだが、女性医師の数を抑制しようとしていた意図に対しては理解を示す声も珍しくなかった。むしろ、「こうした操作は必要だ」とする意見もあったほどである。

いずれにせよ、女子受験生を差別するに至った事情、そして点数操作を隠れて行った背景を見ると、問題の根深さがうかがえる。「差別は止むを得ない」という本音と、「差別はいけない」という建前の間をさまよう当事者たちの葛藤が見えてくる。

東京女医学校（現・東京女子医科大学）を創設した吉岡彌生《やよい》（一八七一〜一九五九）は、女性が医師になることについて肯定的な見解を示している。女性は医師に向かないという世間に根強く残る考え方を否定するとともに、医学界には婦人科や小児科など女性の長所を活かすことができる分野もあると説いたうえで、次のように述べている。

ただその欠点としては、男子と違って年頃になれば結婚をせねばならぬ事であります。少し良い口でもあれば結婚の方に走ってしまって、これがために学術の研究を半途で廃してしまうような事になります。でないまでも男子と違って色んな煩瑣《はんさ》な業務のために追われて研学を妨げられる事であります。もし確固な意志を有《も》った女子に相当の時間を与えて勉学せしめたならば、技術のみでなく学問としての医学の方面に於いても今後男子に劣らぬ成績を挙げ得るものと私は信じているのであります。（吉岡彌生『中央公論』28巻9号、一九一三年、一八四頁）

女性は途中で辞めてしまう、という事実を課題と捉える点は昔から変わっていない。当時は、出産・育児以前に、結婚の段階で離職するというのが一般的だった。また、農業や自営業は別として、既婚女性が家の外で仕事をもつことは容易なことではなかった。

吉岡はこうした事情に加え、女子が雑用に追われている現状にも言及している。女性イコール能力が低い、と見なす風潮が根強く残っていた時代のなか、女性の能力が低いのではなく、能力を発揮できない環境に問題があると吉岡は訴えた。

医療現場において、離職者が出ることは大きなダメージとなる。だが、離職の可能性が高いという理由で女性が医師になることを妨げるという考え方が許されるはずはない。「確固な意志を有った女子」が十分に能力を発揮できるよう、社会の仕組みを整えることが先決である。

同様に、政治の世界でも女性が加わることを否定的に捉える意見が根強くある。二〇二四年に発行される新一万円札の顔となり、「日本資本主義の父」とも称される渋沢栄一（一八四〇〜一九三一）は、一〇〇年前に次のように語っている。

> 歴史の上にも婦人の政治家に勝《すぐ》れて居る者は極《ご》く少いが、婦人は政治には向かない。英国あたりでは婦人参政権の運動が喧《やかま》しいようであるが、私はあれには不賛成である。婦人はなかなか大臣どころではない、局長ですら恐らく満足にはつとまるまい。そんな事より婦人の職分は他にあると思うのであります。自分等の長じて居る職分を忘れて、ただ徒《いたずら》に婦人参政権などを騒ぎまわるのは、日本の婦人に伝染させたくないものであります。
> （渋沢栄一『主婦の友』2巻3号、一九一八年）

先に見た青柳有美の主張と同じく、現在であれば問題発言として非難されそうな意見であるが、当時の男性の間ではむしろ一般的とも言え

渋沢栄一（国立国会図書館所蔵）

るものであった。もっとも、今日でも同様の考えをもっている男性は決して少なくないだろう。

ちなみに、何を「問題発言」や「差別発言」と捉えるかについての基準は、時代を下るにつれて明らかに厳しくなっている。かつてはそれほど問題視されなかった発言が、今日では糾弾されてしまうといったケースは少なくない。とくに政治家は、女性に関するものだけでなく、人種、民族、障がい者などさまざまな層に対する発言について、世間が厳しい目を光らせている。そうした風潮のなか、二〇一九年五月には自民党が「失言防止マニュアル」を作成して全国の党員に配っている。

問題視された発言をもとに、政治家の劣化、あるいは現代人のモラル低下といった指摘がなされることがあるが、これは必ずしも正しい見方とは言えない。問題発言や差別発言をしたという事実はもちろん非難すべきことだが、過去との比較で安易に「劣化」や「低下」といった言葉でくくるような近視眼的な見方は避けたいところだ。こうした認識は、場合によっては歴史を歪めることにもつながってしまう。

二〇一八年五月、女性議員を増やすための法案「政治分野における男女共同参画推進法（候補者男女均等法）」が成立した。この法律では、国や自治体の選挙において、男女の候補者数ができるかぎり均等になることなどを目指す、とされている。女性の政界進出を促す動きとしては評価できるが、実効性のある具体的な措置が打ち出されなければ実現に至ることはないだろう。

日本は女性議員の占める割合が諸外国に比べて著しく低い。二〇一九年一月一日時点で、衆議院における女性議員の占める割合は一〇・二パーセントでしかない。世界各国の国会議員が参加する列国議会同盟の調査（下院・衆議院）によると、この数字は一九三か国中一六五位となっている。地方議会でも女性議員の割合は低く、二〇一九年一月一日時点で一三・二パーセントに留まっている。

かつて、平塚らいてうが「元始、女性は実に太陽であった」と述べてからほぼ一〇〇年後となる二〇一二年、第二次安倍内閣は「すべての女性が輝く社会」を目指す方針を掲げた。その取組みも、円滑に進んでいるとは言い難い状況にある。

二〇一八年一二月に世界経済フォーラム（ＷＥＦ）が発表した、男女格差を示す「ジェンダーギャップ指数」からもこうした実情がうかがえる。日本は、同指数のランキングにおいて一四四か国中一一〇位に留まっている。この指数は、政治参加、経済参画、教育、健康の四分野でそれぞれ数値が出されるが、経済参画は一一七位、政治に至っては一二五位という低位置にランクされている。女性の社会進出の面で、いかに他国に遅れをとっているかが分かる。

なお、健康は四一位、教育は六五位となっているが、これらはスコアとしては満点に近い。ただ、他国も同様に高スコアとなっているため、順位にはそれほど反映されない。

平塚が雑誌『青鞜』で自らの意見を広く訴えていたころ、同志社英学校の最初の卒業生で政治学者の浮田和民《うきたかずたみ》（一八五九〜一九四六）は、女性の権利要求の声が高まっている状況について、一九一三（大正二）年に次のように述べている。

今日の如く社会が不公平である間は、婦人の不平不満は絶ゆることなく必ずや勃発する時が来るであろう。既に今日欧米一般のこの種の傾向は、婦人が男子の圧迫を甘んぜざることを世界的に標榜《ひょうぼう》したものであると言うことが出来る。実に十九世紀は平民の貴族に対する反抗であり、二十世紀は婦人が男子に対してその権威と人格の承認を要求する時代である。（浮田和民『中央公論』28巻7号、一九一三年、五六頁）

浮田がこう述べてから一〇〇年以上が過ぎた。すでに二一世紀に入った現在、婦人の権威と人格はいまだ承認されているとは言い難い状況にある。セクハラ被害などを告発する「#ＭｅＴｏｏ（ミートゥー）」運動が昨今広がりを見せていることからも分かるように、婦人の不平不満は今なお「勃発」を繰り返している。「女性だから」という言い訳の文句を使わなくてもよい社会が到来するまでには、まだまだ時間がかかりそうだ。

2 報道の真偽を見極めよ

◇新聞を読む際の心掛け

日本の新聞は今日社会でかなり勢力を有している。新聞が先駆して国民を導いたことも過去の経験に見て少なくないらしい。ところが一つ問題がある。日本の国民は『新聞を読む』にあらずして『新聞に読まるる』にあらざるか。新聞の記事の中には無根のことなども時々見える。論説などにもいかがわしいことがある。〔中略〕
下らぬ雑報の記事や、三文小説を読んで、それで『新聞を読む』『新聞を読む』と繰返す国民は幸なるかな。（三田谷、前掲書、四四〜四五頁）

女性の解放、権利要求の動きが活発化した時代、それを推し進める役割を果たしたのが雑誌や新聞などのメディアである。先に見た『青鞜』をはじめとする雑誌において、多くの論者が女性問題を広く訴えた。また、女性向け雑誌の数も大正期には飛躍的に増加している。

新聞でも、一九一四（大正三）年、『讀賣新聞』で日本初の家庭面「よみうり婦人付録」が創設され、女性読者に向けた情報提供とともに、女性に関するさまざまな問題提起が行われるようになった。

日本人の識字率は明治に入った時点でかなりの高率だったとされているが、学校教育が開始されたことで、読み書きのできる層はさらに広がった。大正に入った時点で、識字率は九八パーセントを超えていたと言われる。

これに比例するかのように新聞や雑誌が次々と発行され、庶民に多くの情報を提供するようになった。とくに新聞は、庶民にとって手軽に入手できる重要な情報源として飛躍的に普及していった。その性質も進化し、単に情報を伝える媒体というだけでなく、多様な意見を発信する言論機関としての役割も担うようになっていく。一方で、新聞が社会に大きな影響力をもつようになると、その内容に対して厳しい目が向けられるようにもなった。

先述の三田谷啓《さんだやひらく》（一一二頁参照）は、当時日本で発行されていた新聞について、「記事の質・正確性に難がある」と述べている。ヨーロッパ在住の経験を踏まえ、「今日の日本に於ける新聞が進歩しつつあることは事実であろう。しかしあまりにその度が遅々である」（前掲書、四六頁）と、早急な改善を訴えた。

読者については、冒頭の如く「新聞に読まるる」状態にあるのではないかと指摘する。また、ゴシップや小説は読むが、国際情勢など知識として必要な記事は読み飛ばしているという批判も展開している。日本人は新聞を読むようになったといっても、本当の意味で読んでいるのかどうかは疑わしい。この点は、今日の読者にも十分当てはまるだろう。

また、戦前の新聞では、真偽のほどが定かでない記事が載ることも珍しくなかった。複数の新聞を読み比べると、そうした事実がよく分かる。Ａ紙とＢ紙が同じ事件を報じているにもかかわらず、詳細な事実関係が大きく食い違っている事例は多い。また、殺人事件など比較的大きな出来事であっても、Ａ紙が報じる一方でＢ紙にはまったく記載がないといったケースも見られる。新聞では、記事に誤りがあった場合、後日「訂正記事」が掲載されるのが一般的である。一〇〇年前の新聞でも、この訂正記事は多々見られるが、記述の仕方が今日とはやや異なっている。

昨今の新聞では、「おわび」という文言や「確認が不十分でした」といった反省の言葉が添えられるのが一般的だが、当時の新聞にそうした記述は見られない。もちろん、新聞によって異なるが、概して昔の新聞における訂正記事は事務的な報告として扱われていたようだ。「訂正申込み」といった見出しで、読者から届いた訂正依頼の手紙をそのまま掲載したものも多い。そこからは、誤りの指摘に対して、新聞社側が事実関係を改めて精査した様子はうかがえない。今日の視点で見ると、謙虚さに欠ける印象は否めない。

元新聞記者で編集者の小林鶯里《おうり》（本名は小林善八・一八七八〜？）は、新聞記事を読むにあたって次のように注意を促している。

吾々が新聞のいわゆる三面記事を読むに当っては、前にも述べた様に新聞に読まれない事が大切である、常に三面に記載されている記事を批評する立場に立って読まなくてはならない、余り根性をよくして、一も二もなく新聞を信頼し、三面記事を以て絶対の真実だと思うようでは面白くない。

もちろん記者によって充分調査せられているには違いないが、中には事実と非常に違った記事の掲載されている事がある。数多い新聞の中には多く売ろうという目的で三面記事を殊更ら大きく発表するものもある。ところが読者の方が批評的の立場から見るならば、どんな記事に向っても常に正しい見解を下す事が出来る。（小林鶯里『新聞を読む基礎の知識』一九二六年、八七〜八八頁）

小林も冒頭の三田谷啓と同様、新聞に「読まれない」ことの重要性を説いている。とくに三面記事、すなわち社会面は批評的に読む必要があると訴えている。具体的には、三面記事のなかで、重要な部分とそれほど重要でない部分を見分けたうえで読むことをすすめている。そして、「これだけの注意と準備とを以て読むならば、三面記事も立派に吾々の羅針盤であり、教科書であるのだ」（前掲書、八八頁）と結んでいる。

とはいえ、いくら読者がクリティカルな姿勢で記事を読んでも、個々の記事についてその真偽を見極めるのは難しい。ただ、一〇〇年前に比べると、今日の新聞記事の正確性は高いと言える。無論、すべてが真実というわけではない。真偽の判断は決して容易ではないが、新聞を読む際は、少なくとも書かれていることすべてを鵜呑みにしないという姿勢だけはもっておく必要があるだろう。

◇劣化する新聞記事

新聞記事の問題については、記事を書く記者が劣化したことに原因があるとする指摘も見られる。雑誌『新天地』は次のように指摘している。

新聞が社会の木鐸《ぼくたく》であり、新聞記者が無冠の帝王であった時代は既に過ぎ去って、今日では生活必需品の製造販売業者として、いかにしてより多くの顧客を吸収し、より広き販路を開拓すべきかの商略政策に全力を傾け、無冠の帝王たりし記者諸君は、いかにせば巧妙にかつ安価に商品を製造し、御店の繁昌と顧客の御機嫌を伺うべきかに没頭しつつある。（『新天地』６巻11号、一九二六年、二五頁）

新聞記者から気概が失われた、という指摘は現在でもたびたび耳にするが、同様の見解はすでに一〇〇年前から見られた。競合紙が次々と創刊し、販売競争が激化するなか、新聞の発行をビジネスとして捉える傾向が高まることは止むを得ない。しかし、大衆に受けるスキャンダラスな記事を増やしたり、記事に過激な表現を用いたりすれば「頽廃《たいはい》」のレッテルが貼られることになる。同時に、そうした記事の題材にされた人物からは反発を招くことにもなる。尾崎行雄（九二頁参照）も、日本の新聞に対して批判を浴びせている。

吾輩は常に現代新聞紙の改善を希望す、首府の新聞紙と地方のそれとを問わず、全紙面の記事を翻訳して英国中流社会の家庭に於て高唱せらるるもの果して幾何《いくばく》かある、我新聞紙の如く卑猥にして、極めて殺風景なる文字の羅列したるものは高潔なる品性と厳粛なる道義とを有する家庭に於てはこれを絶対に擯斥《ひんせき》せざるを得ず。（尾崎行雄『向上論』一九一六年、三四～三五頁）

戦前の新聞は、今日の週刊誌のような性格もあわせもっていた。そのため、現在の一般紙を読む感覚で見ると違和感を覚えることが少なくない。今日では見られないような、品位に欠ける記事や過激な表現を使った記事がよく目に付く。闇雲に読者を煽るような記事も散見される。事件報道においては、被疑者の段階で犯人と断定している記事も多い。被疑者の実名だけでなく、住所が番地まで細かく記載されるケースもあり、人権、プライバシーに対する配慮という点では今日の常識とは大きくかけ離れている。

とくに社会面は、事件・事故を伝える記事とゴシップが混在している。両者の棲み分けができていないがゆえに、新聞全般にいかがわしい印象を抱く人は多かった。

尾崎は次のように続けている。


元来名誉は人類に取り、最も貴重なるものなるが故にこれを傷つけらるるより苦痛の大なるはなし。しかるに今日の新聞記者は無根の事実を捏造して他人の名誉を毀損することを敢てし、ただ下劣なる読者の好奇心に投ずるに急にして、毫《ごう》も他人の迷惑を顧みず、あるいはいわん、法律は斯《か》くの如き場合に取消の権利を与うと、しかれども一度悪徳なる新聞に呪われたるものは、世人をしてそこに抜くべからざる汚点あるかを疑わしめ、たとえ取消を申込むも、既に悪印象は読者の脳裡に刻まる。（前掲書、三五頁）

今日でも、新聞報道による名誉毀損が問題とされる事例は珍しくない。週刊誌の場合は日常茶飯事と言っていいほどだ。尾崎が指摘するように、当時の新聞は名誉を毀損するような「捏造」記事が多かった。取り上げる人物の名誉やプライバシーに配慮するための方針が定まっていなかったことはもちろん、そもそも事実関係を確認する仕組み自体が十分なものではなかったことがその背景にある。

◇戦前の朝日新聞

尾崎にかぎらず、政治家にとって、新聞記事で自分の言動がどのように書かれるかは死活問題でもあった。たとえ事実であっても、政治家に対して批判的な立場の記者が記事を書けば、実態以上に悪い印象が広められてしまう。政治家およびその関係者は新聞記事に対して神経質になり、時に攻撃の矛先を向けた。なかでも、当時多大な影響力をもっていた大阪朝日新聞は、名指しで批判されることが少なくなかった。

新聞の改革は、記者待遇の改善にありとは、今や一般の輿論《よろん》である。しかも大阪朝日新聞が、この輿論を裏切って、却って腐敗し、堕落し、暴虐無比となり、ために朝日新聞を目して、ある者は『名誉の毀損者』『家庭の破壊者』『事業の妨害者』『讒誣《ざんぶ》中傷の常習犯者』として、ある者は『社会主義者』『共産主義者』『無政府主義者』として、またある者は、『憲政会の御用新聞』『言論界の暴君』『新聞界の羅馬法王《ローマ》』として、殊に甚だしきに至りては『売国的新聞』『邦字外国新聞』『非国家的非国民新聞』として、同新聞を、憎悪し、嫌忌し、畏怖して、切にその存在を呪う者の、著しく多数となったのは、そもそも何人の罪であるや。

（立憲青年自由党『国賊大阪朝日新聞』一九一八年、一二～一三頁）

この文章は、一〇〇年前に出版された冊子の記述である。立憲青年自由党という政治団体が発行したもので、市販の書籍とは異なるが、『国賊大阪朝日新聞』という書名からも分かるとおり、一貫して大阪朝日新聞社を攻撃する内容となっている。終始誹謗中傷の言葉を並べたような記述は滑稽ですらあるものの、裏を返せば、それだけ大阪朝日新聞の影響力を恐れていたということでもある。

今日でも、『朝日新聞』を批判する書籍や雑誌は多い。そうした媒体が刊行される背景には、「売れるから」という営業的事情も大きく影響していると言われている。一方、当時の同紙に対する批判的な論調には、営業的な側面は見られない。むしろ、その影響力に対する畏怖の念が滲み出ていると言える。

新聞記事に対する批判の声が高まるなか、東京朝日・大阪朝日の両社は一九二二（大正一一）年、日本で初めて社内に「記事審査部」を設け、記事に対して申し出があった場合には迅速に対応できる仕組みをつくった。東京朝日新聞社は、記事審査部の創設を伝える社告のなかで次のように述べている。

事実無根というも必ずしも事実無根でないこともありますが、多くの人々は事々しく訴訟沙汰に及ぶのも億劫《おっくう》であるため残念ながらそのまま泣き寝入りになり、新聞社の方も相済まぬと知りつつも、ついそのままになって仕舞うことがあります。こういうことがどれ程新聞紙と公衆との間の感情を疎隔しているか知れませぬ、元来新聞紙と公衆とは相依り相助くべきもので、この両者の疎隔はやがて相互の同情と理解とを失わせ公衆に取って不利であると同時に新聞紙存在の意義から言っても大いに取らぬところであります。（『東京朝日新聞』一九二二年一〇月二一日付）

朝日新聞社は二〇一四年九月、東京電力福島第一原発事故に関する誤報、および慰安婦問題に関する誤報について謝罪するとともに記事の取り消しを発表した。これを機に、同社は「信頼回復」を前面に掲げて改革に取り組んでいる。一〇〇年前の同社も、公衆との信頼関係を取り戻そうと改革をはじめていた。その具体的な取り組みが「記事審査部」の設置である。ただ、これはすでに掲載された記事を審査し、訂正や取り消し、あるいは謝罪をする部署でしかなかった。製作過程においては、整理部に校正係が置かれていただけで、公表前の記事を十分精査するシステムはなかった。記事のチェック体制が整うのは昭和に入ってからである。

一九二八（昭和三）年三月、大阪朝日新聞が皇室関係記事の誤植で非難を浴びたことをきっかけに、同社内に「校閲部」が創設された。その後、他の新聞社でも事実関係を確認する仕組みが整えられていった。無論、校閲部ができたからといって誤報がゼロになったわけではない。捏造する意図はなくても、誤った情報に基づいて記事を書けば「捏造」という批判は免れない。

◇メディアに対する弾圧

テレビもラジオもまだ放送がはじまっていない時代、新聞のメディアとしての力は絶大なものだった。時に、政治を大きく動かす原動力にもなった。だが、その影響力を押し止めようとする力もまた強大なものであった。すなわち、当時は政府による新聞社への弾圧が非常に熾烈《しれつ》だったのである。

一九一三（大正二）年一一月、当時の警視総監・安楽兼道《あんらくかねみち》（一八五一〜一九三二）は、警察署長会議において次のように訓示した。

近時小新聞雑誌記者の跋扈《ばっこ》その極に達し、あるいは個人家庭の裏面を摘発して、その間密かに利する所あらんと企て、あるいは妄《みだり》に記事を虚構して、富豪会社等の声誉を傷つけ、〔中略〕その害毒殊に甚だしきものがあるが如し。およそ新聞誌〔ママ〕雑誌は現に社会の耳目にしてその記事の反映は利害共に著大なり。各署管内に於て発行する新聞紙雑誌に対しては、この際特に充分の注意を払い、一面その記事に注目すると共に、併せて記者の行動を監視し、いやしくも前記の如き行為を敢てするものある時は、仮借なくこれを厳罰に附し、弊竇《へいとう》の廓《かく》清《せい》を計らんことを望む。(安楽兼道『日本警察新聞』280号、一九一三年、一頁)

今日の日本ではありえない発言だが、戦前は新聞の検閲が当然のこととして行われていた。一八七五(明治八)年に新聞を取り締まる「新聞紙条例」、および言論を取り締まる「讒謗律《ざんぼうりつ》」が制定され、政府は新聞に厳しい弾圧を加えるようになった。これにより、罰金や発行禁止・発行停止だけでなく、記者が逮捕され禁錮・禁獄に処されるケースも日常茶飯事となる。そうした厳しい言論弾圧がありながらも、記者らは真実を伝えようと奮闘していた。

かつて『評論新聞』は、記者が投獄されても、また新たに反政府的な思想をもつ青年を雇い入れて、さらに強く政府を攻撃した。同社は、「禁獄は屁の如し、罰金平左衛門」と公言し、社の方針を貫き続けたという(『日本文壇史1』、九七頁)。先に挙げた雑誌『新天地』が、すでに過ぎ去ったとする「新聞記者が無冠の帝王であった時代」、すなわち明治初期の話である。

二〇一六年、テレビの報道番組のキャスター(古舘伊知郎氏や国谷裕子氏など)が相次いで降板したことに関して、政権からの圧力があったのではないかという議論が沸き起こった。この件にかぎらず、昨今はメディアが政権に忖度《そんたく》しているとの話もまことしやかに語られている。

かつての新聞社が、厳しい弾圧のなかで政府を批判する記事を書き続けていた事実から考えると、隔世の感を禁じえない。往時の記者たちに関する記述を改めて読むと、その圧力に屈しない姿勢から、今日では見られない気骨を感じる。とはいえ、当時と今とでは、メディアの規模、経営形態から社会的な背景まで、すべてが大きく異なっている。同じ土俵で論じるのには無理があるかもしれない。

ジャーナリストを支援する国際ＮＧＯ（非政府組織）「国境なき記者団」が二〇一九年四月に発表した「報道の自由度ランキング二〇一九」によると、日本は一八〇か国中六七位にランクされている。他の先進七か国（Ｇ７）だけでなく、韓国や台湾よりも下位となっている。

このランキングは、八七項目にわたってメディア関係者や学者が寄せた回答などをベースに算出された数値を基に作成されている。日本の順位が下位に留まっている理由として、特定秘密保護法の制定や記者クラブの閉鎖性などが挙げられている。

その信憑性については疑問の声も上がっているが、日本の報道が国際社会からどのように見られているのか、当事者の報道関係者および政府が見つめ直すきっかけとしての有効性は十分にあるだろう。また、情報を受け取る側にも、そうした現在のメディアの状況を踏まえたうえで日々の報道を読み解く必要があると言える。

3 フェイクニュースに注意すべし

◇虚言を吐く日本人

我同胞は虚言を吐きて何等意に介するところなし、殊に小事に於てしかり、格別偽るべき必要もなきに求めて人を欺く、例えば地方に遊び野人《やじん》に就て道を尋ねたる場合に、右へ往くべき道を故意に左を指し、左へ還るべき路を故意に右を教え、而《しか》して旅人遊客《りょじんゆうきゃく》の彷徨《ほうこう》するを見て、窃《ひそか》に喜ぶ風あり、その他病気ならざるものを病気と称し、朝寝をなしたるために遅刻したる時に、止むを得ざる事故ありしと言うが如き公職に在る者なおかつこれを偽り、世人また日常普通の方便として敢てこれを咎《とが》めず。（尾崎行雄『向上論』一九一六年、二七～二八頁）

真偽を見極めねばならないのはメディアの報道だけではない。人の口から発せられる情報も真偽のほどを測る必要がある。

かつての日本人がよく嘘をついていたという指摘は少なくない。本音と建前の使い分けだけでなく、上記のような悪戯《いたずら》も多かった。尾崎は、「要するに我同胞が虚言を吐くは一種の習慣にして、不知不識《しらずしらず》の間にも自然に出づるものならん、蓋《けだ》し欧米人に信を失う最も主要なる原因也」（前掲書、二八頁）と続け、虚言が国の不利益にさえつながっていると指摘している。

実際、一〇〇年前の日本では、たとえば海外との貿易において、契約を履行しなかったり、取引先へ意図的に不良品を送ったりする事例が多々発生していた。こうした行為は日本の信用を損なう由々しき問題であり、改善が急務とされていた。言うまでもなく、商取引での嘘は笑い話では済まされない。

昨今、「フェイクニュース」という言葉をよく耳にする。二〇一七年にアメリカ大統領に就任したドナルド・トランプ氏が口癖のように繰り返したことで広まったこの言葉は、主にマスメディアが発する情報に対して使われている。前節で触れた新聞の誤報もこれに含まれる。

フェイクニュースという言葉は、広い意味で捉えるとマスメディア以外が発信する嘘の情報も含まれる。ＳＮＳ（ソーシャル・ネットワーキング・サービス）の普及によって、個人が発信した情報でも容易に拡散するようになった今日、これを発信源とするフェイクニュースがマスメディア並みの影響力をもつケースも見られるようになった。

一〇〇年前の日本には、無論ＳＮＳはない。個人間の情報伝達に使えるツールは、手紙や電報、電話くらいである。そうした時代において、口伝《くでん》はまだ大きな役割を果たしていた。口伝によって根拠不明の情報が広がったものを「流言《りゅうげん》」あるいは「浮説《ふせつ》」という。

当初は正確な情報であっても、伝わる過程で内容が歪められ、結果として虚偽の情報となるケースも多い。流言のうち、意図的に流された虚偽の情報が「デマ」であり、これは「飛語《ひご》」とも言う。ただ、情報を受け取った側は、その情報が当初から虚偽だったのか、口伝の途中で歪められたのかについて判別することは難しい。そうした理由から、両者をひと括りにして「流言・デマ」もしくは「流言飛語」といった表記がなされることも多い。両者がとくに区別せずに使用される場合もある。

◇大震災発生後の流言・デマ

言葉の定義はともかく、流言やデマといった広い意味でのフェイクニュースは、社会に深刻な影響をもたらすこともある。それが顕著に現れたのが、一九二三（大正一二）年九月一日に発生した関東大震災のあとである。

東京、神奈川を中心に甚大な被害をもたらしたこの地震は、既存の情報網を完全に寸断した。鉄道はもちろん、電信、電話、郵便などはすべて使用不能となった。新聞社もほとんどが消失し、辛うじて残ったのは東京朝日、都、報知の三社だけである。残った三社も発行は休止せざるを得ず、東京朝日が九月四日にようやく仮事務所で号外を出すに至った。なお、当時はまだラジオ放送ははじまっていない。そうしたなかで、口伝《くでん》の情報だけがどんどん拡散していった。

当時広まっていた流言・デマには次のようなものがある。

・江ノ島が海底深くに陥落して、すでに跡形もない。
・山本権兵衛《ごんのひょうえ》（元は「ごんべえ」）総理大臣（就任したのは九月二日）が亡くなった。
・小石川の砲兵工廠で毒ガスを発散するので注意すべし。
・家族を亡くした人たち千人が上野公園の樹木で首を吊り、鈴なりになっている。
・浅草寺が焼け残ったのは、本堂の周囲の樹が水を噴き出したからだ。
・西洋で地震を発生させる機械が発明され、日本を真っ先にやっつけようとした。

事実と思われそうなものから荒唐無稽なものまで、地震発生直後から被災地では実に多種多様な流言・デマが飛び交った。被災地から離れた地域でも、情報が入ってこないため、「東京が全滅した」、「東京市内は百五十度の熱に覆われており入る者は皆焼き殺される」といった誤報が流れている。新聞でさえもそうした誤った情報を載せるケースが見られた。

さまざまな流言・デマのなかで多くの人を不安に陥れたのが、囚人、朝鮮人、社会主義者らが騒動を起こすというものである。

・巣鴨監獄の外壁が倒壊し、広場に避難していた囚人千名が脱走し、下町の火事場へ獄衣を着替えに向ったが、一部は山の手方面へ逃げた。

・市ヶ谷監獄や巣鴨監獄で囚人を解放したから強盗窃盗に注意する必要がある。
・監獄から数百名の囚人が看守を惨殺して脱出した。
・飯櫃《めしびつ》と野菜を持って歩く夫婦を憲兵が怪しんで捕まえると、二人は社会主義者あることがわかり、飯櫃には爆弾、野菜の中にはピストルが入っていた。
・浅草寺境内の井戸に美貌の朝鮮人女性が毒を投げ入れようとして捕まった。
（流言・デマの事例は、大日本雄弁会講談社編『大正大震災大火災』、宮武外骨編『震災画報 第一冊』参照）

一部の刑務所では実際に囚人が解放されていたが、ほとんどは事実無根のものだった。だが、不安に陥った被災地の住民らは、各地で自警団を組織し、とくに朝鮮人らに対して暴行や殺害を行ったという。

高等女学校に通っていたある生徒が、当時の東京の様子について次のような手記を残している。

もう今日は二日となった。朝より鮮人さわぎで驚かされた。角角には在郷軍人だの有志等等が、手に手にこん棒杖を結び付け、張っている。「それ四つ目の路に入った」「それこちらだ」と夕方まで「あっちがこっちだ」「お寺の墓場だ」「いやこっちで姿を見た」と、どったんばったん人々大そうなさわぎだ。「鮮人がつけ火をするそうですから裏口を用心して下さい」「井戸に女が毒を入れるそうですから張番《はりばん》を置いて下さい」その度になんだか胸がつまる様な感がした。東北にはあやしい綿をちぎった様な物が、もくもくとして空に浮かんでいる。見つむれば見つむるほど凄い。鮮人々々とおびやかす人のさわぎは四五日も続いた。今度はまた「今こそそこで鮮人がころされていましたわ」「今三十人位音羽町でつかまったそうですよ」鮮人のころされたのを見て来た人の話によると、鮮人を目かくしにして置いて一二三で二間ばかりはなれた所より、射さつするのだそうで、まだ死に切れないでうめいているとほうぼうからぞろぞろと大勢の人が来て「私にも打たして下さい」「私にも少しなぐらせて下さい」とよって来るそうだ。そして皆でぶつなり、たたいたりするので遂に死ぬそうである。こういうと話にまた流言に、夢の様な一ヶ月が過ぎた。けれどずいぶん今考えると馬鹿げた事をしたと思う、今でも色々と人の作り言葉が時々来る。「来月あたりにまた前の様な地震が来る」とか「一ヶ年の内に来る」等と、さまざまと流言する。（初等教育研究会編『子供の震災記』一九二四年、三〇四～三〇五頁）

この手記には、流言・デマからはじまった朝鮮人らに対する暴行・殺害の様子が生々しく記されている。震災から一か月を経ても、「今でも色々と人の作り言葉が時々来る」との記述からも分かるように、根拠のない情報は長期にわたって飛び交い、その間に多くの犠牲者を生み出した。

◇流言・デマを防ぐために

二〇一一年三月一一日に起きた東日本大震災に際しても、主にインターネット上においてさまざまな流言・デマが飛び交った。関東大震災のときのような極端な事件には至らなかったものの、外国人が物資を略奪しているといった憎悪を煽るようなデマも流された。ただ、時間とともに客観的な情報や正確な情報が入ってくるようになると、そうした誤った情報は徐々に弾き出されていった。

今日、インターネットの普及により、個人が発信した情報でも瞬時に拡散してしまうケースは珍しくなくなった。流言・デマの広まるスピードは、一〇〇年前とは比較にならない。だが同時に、その情報の信憑性を問う声や誤りを正す声も広がっていく。そうした意味では、一面的な情報に大衆が動かされる可能性は、かつてに比べて低くなったとも言える。それでも、大量に飛び交う情報のなかから正しい情報を冷静に選び出すだけの能力や知識を、各人が備えておく必要がある。

ジャーナリスト・評論家の長谷川如是閑《にょぜかん》（一八七五～一九六九）は、流言が起こらないようにするにはどうすべきかについて次のように述べている。

第一に平常の生活に於ける不安をなくするのが一番である。平生に、朝鮮人がいつか暴れやしないかというような不安があればこそ、今度のような流言がおこる。根本的にそういう不安の事情を除くということが、ただに流言を起らなくするためでなく、平生の生活を安泰にする所以である。それと同時に人々の経験を豊富にする。即ち平生の生活に於ける秘密主義を止めて、あらゆる事実の真相が各人の知覚に正確に上ってくるようにする。社会的礼儀だの官僚の道徳などになっているような表面《うわべ》を飾って内輪を匿《かく》しておくというようなことが、どれだけ生活の安定と欠くものであるか知れない。朝鮮人がどういうようなことをするものであるか、社会主義者がどういうものであるか、それらの事実がよく人々に解っていたならば、今度のような流言も起りはしなかったであろう。何事も覚悟は平生にある。（長谷川如是閑『婦人之友』17巻10号、一九二三年、三三頁）

長谷川が言うとおり、不安は、流言・デマを広げるうえで大きな役割を果たす。「そういうことが起きるかもしれない」という思いが、誤った情報を事実として捉えさせてしまうのだ。不安を取り除くこと、そして不安の元となっていることについての正しい情報を普段から得ておくことが重要となる。その蓄積が、不測の事態が起きたときに「そういうことは起きないだろう」と冷静に判断を下せる能力につながる。

情報リテラシー、すなわち無数に飛び交う情報のなかから正しい情報や本当に必要な情報を引き出し、それを活用する能力は、非常時だけでなく日常においても欠かすことができない。フェイクニュースを見抜くうえでも、日頃から正確な情報を保持し、リテラシーを高めておく必要がある。関東大震災のときに残虐な行為に及んだ人たちにかぎらず、人種差別発言やヘイトスピーチに対して闇雲に同調してしまう現代人のなかには、そうした情報リテラシーに欠ける人が多いと考えられる。

流言・デマは、関東大震災において朝鮮人虐殺という大きな悲劇を生んでしまった。この事件そのものはやがて収束へと向かうが、その一方で、流言・デマが新たな災厄を生み出す引き金となった。政府によるさらなる言論弾圧である。

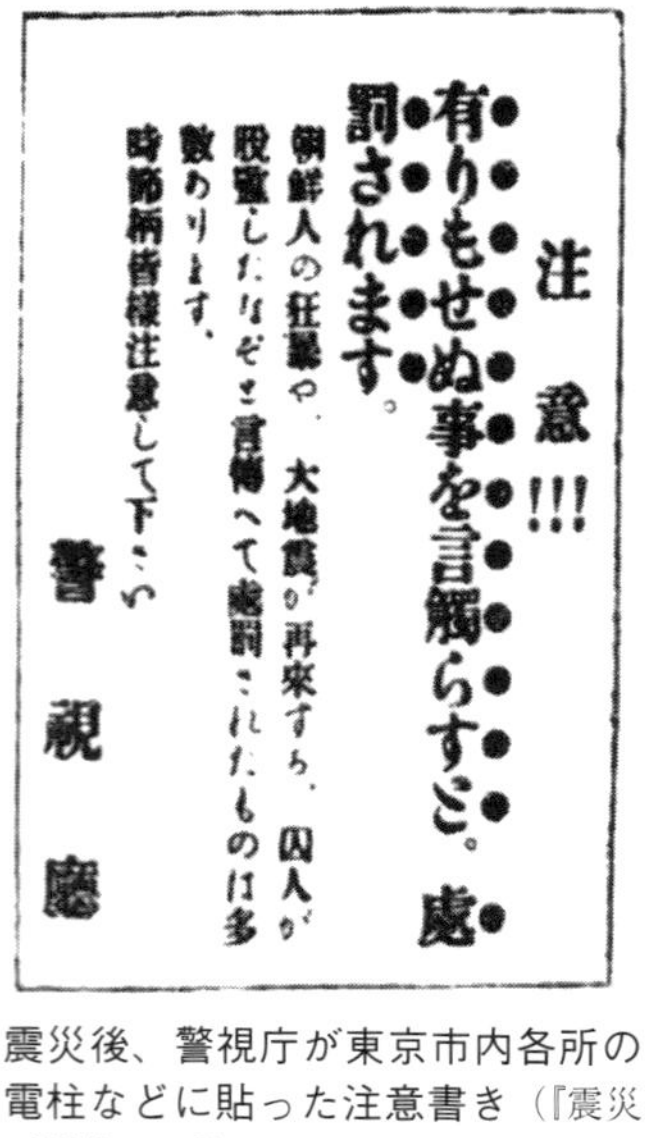

震災後、警視庁が東京市内各所の電柱などに貼った注意書き（『震災画報第６冊』）

◇言論を弾圧する動き

震災発生から六日後の九月七日、山本権兵衛内閣は朝鮮人虐殺をはじめとする異常事態を鎮めるべく、流言浮説取締令（治安維持令）を公布し、即日施行した。その内容は次のとおりである。

出版通信その他何等の方法を以てするを問わず、暴行、騒擾《そうじょう》その他生命、身体、もしくは財産に危害を及ぼすべき犯罪を煽動《せんどう》し、安寧秩序を紊乱《びんらん》するの目的を以て治安を害する事項を流布し、または人心を攪乱《かくらん》するの目的を以て流言浮説を為したるものは、十年以下の懲役もしくは禁錮または三千円以下の罰金に処す

この勅令《ちょくれい》は、震災直後の非常時においては必要な措置と見る向きが多かった。しかし、被災地の混乱が収束してもなお、この取締令は廃止されなかった。

一一月一五日には関東地区に発令されていた戒厳令が解除され、当地は本格的に復興段階へと入るが、政府は取締令の廃止時期について明らかにしなかった。そうした状況に対して、各界から疑問や批判の声が挙がるようになる。東京帝国大学教授で法学者の牧野英一《えいいち》（一八七八〜一九七〇）は次のように述べている。

政府は、秩序が回復し次第この取締令を廃止しようというのであるが、わたくしは、むしろこの取締令を廃止することによって秩序が回復されるのではなかろうかと考える。政府は、早く有形無形の復興のプランを明らかにし、その実施と共に民衆に対する不当な拘束を廃止せねばならぬ。政府は民衆の指導者として、民衆のおのずから静まるを待つことなく、民衆をしておのずから静まらしめるように仕向けねばなるまい。（牧野英一『中央法律新報』第4年2巻、一九二四年、五頁）

牧野英一（国立国会図書館所蔵）

牧野は取締令が復興の足枷《あしかせ》にすらなっていると指摘し、もはや必要ではないと訴える。衆議院議員の星島《ほししま》二郎《にろう》（一八八七〜一九八〇）もその廃止を強く訴えている。

斯くの如き今日程度の社会秩序を維持するには、本令の殊更《ことさら》の必要は毫末《ごうまつ》も見ない。加之《しかのみならず》本令が屋上の屋となって極刑を以て脅威しておる事は、一面流言蜚語の直接間接の原因となるべき政府自らの失政を予想しておる事を語ると共に、一面平常時に於いても流言蜚語によって行動を左右さるべき国民の無定見を思慮しているという、国民に対する無礼と侮辱とを意味するではあるまいか。（星島二郎『中央法律新報』第4年2号、一九二四年、九頁）

前節で見たとおり、当時は政府によって言論が厳しく弾圧されていた。新聞発行についても、新聞条例を引き継いだ「新聞紙法」（一九〇九年公布）によって取り締まりが行われていた。

流言浮説取締令は、星島の言うとおり屋上屋《おくじょうおく》を架すものにほかならなかった。しかも、「十年以下の懲役もしくは禁錮または三千円以下の罰金」という罰則は、新聞紙法の罰則に比べても明らかに過酷である。

のちに首相となる片山哲（一八八七～一九七八）は、「一般国民の社会生活を律する総括的制裁をコソコソと特別法を以て制定しているという事は法治国家を以て誇りとする一国の恥辱

片山哲（国立国会図書館所蔵）

ではないか」と述べ、次のように続ける。

単に流言浮説を取締らんとするものならば、なぜあの危急の際に『暴徒襲来』の流言浮説を為したるある筋の者を処罰せざるか、流言の火元を取締らずして、これに迷わされたる無智階級の雑輩に本令を適用し以て厳罰に処せんとするの意であるか。〔中略〕

この勅令の目標は、実に前議会に於て握り潰された過激社会運動取締法の変形であると断じても、的は余り外れていないであろう。（片山哲『中央法律新報』第4年2号、一九二四年、七頁）

片山の言う「過激社会運動取締法」案は、震災の前年に国会で審議されたが可決には至っていない。流言浮説取締令には、「共産主義」や「無政府主義」といった文言こそないものの、先の法案に通ずる社会運動を取り締る意図が含まれていたことは明らかだった。

片山は上記の点などを踏まえて、「時代錯誤の本令に対して、諸《あら》ゆる点よりその撤廃を絶叫しなければならぬ」（前掲誌、七頁）と述べた。

それから一年以上を経た一九二五（大正一四）年四月二一日、同勅令はようやく廃止された。ただ、勅令の意図は同日に公布された新たな法律に引き継がれていた。その法律とは、治安維持法である。「悪名高き」という枕詞が決まり文句にもなっているこの法律が、のちにどんな時代をもたらしたかは周知のとおりである。

流言浮説取締令は、どさくさ紛れに生み出された悪法の典型例だと言えよう。背景は違えど、今日も災害などのどさくさに紛れて法案審議が進められるケースがある。「法治国家を以て誇りとする一国の恥辱」にならぬよう、議会の動向を常に注視することも国民の責務である。

4　悪辣な詐欺師に用心せよ

◇新聞広告を使った詐欺

いつの世になっても泥棒の種は尽きない、なんて事は、ずっと昔《むか》しに石川五右衛門がちゃんと証明している、だが、現代の泥棒という奴は、白昼公然と大威張りで自動車飛ばせて一挙数万、数十万の金を儲けたり、一人々々騙したんでは面倒臭いとばかりに、新聞社という大きな勢力を手先に使って、大々的の詐欺広告を掲載し、懐《ふとこ》ろ手をしながら莫大な金を絞り取ろうなんていう小才の利く奴が続出して来たのだから、なかなかもって油断が相成らぬ。

（大浜孤舟『暗黒面の社会：百鬼横行』一九二六年、二頁）

近代に入って以降、さまざまな分野の技術が飛躍的な向上を遂げ、人々の暮らしは大きく変わった。印刷技術の発達で新聞や雑誌が大量に発行できるようになり、大衆に向けて多くの情報が届けられるようになった。また、通信技術も発達し、電報に加えて電話も普及が進んでいった。電話の登場は、遠隔地にいる者同士がリアルタイムで情報をやり取りすることを可能にした。

大正の末にはラジオ放送がはじまり、より多くの人に向けて即時的に同一の情報を伝えることができるようになった。また、鉄道網の拡大や自動車の普及により、大量の人や物を短時間で移動させることができるようにもなった。

こうした文明の利器が、人々の生活環境を向上させたことは間違いない。だが、一度に多くの人に情報を伝えられること、顔を見せずに会話ができること、短時間で移動できることは、いずれも犯罪にとっても好都合となる。文明の利器は、有効な犯罪ツールになる可能性も秘めている。新たに登場した器機の特性をフルに活用し、他人から効率的に金品を奪おうと考える人間がいることは昔も今も変わらない。

探訪記者の大浜孤舟《こしゅう》（生没不詳）は、車や新聞広告を使って金銭を奪い取る犯罪が多くなったと述べる。具体的には、新聞を使った詐欺として次のような例を挙げている。

まず三円位《ぐら》いを奮発して、新聞案内欄に、『遊金あり、無担保信用貸しす』の広告を出す、来るわ来るわ青息連中がたちまち門前市をなす盛況、まず一人々々を呼んでそのお願いを聞いてやる「ははあそうですか、承知しました、何百円でも信用だけでお貸し致しましょう、だが一寸《ちょっと》身元を調査させて頂きますからその調査費として二円を戴《いた》だきます」とくる、神ならぬ身の騙されるとは知らぬ青息君、世の中にはこんな親切な金貸しもあるものかと、有り難涙をポロポロ溢して頓首《とんしゅ》百拝、恭しく金二円を奉納する。家路に帰る道すがら、もう何百円かを手にしたつもりで、金二円が数百円……ウフフフと喜び勇んだ青息君のさても気の毒な後ろ姿よ。（前掲書、四四～四五頁）

新聞に案内を出した詐欺師は、信用調査も何もせず、金を借りに来た人たちに対して「お気の毒ながらお貸し致し兼ねます」と記したハガキを送りつける。こうして一人当たり二円を詐取するのだが、手口は極めて単純だ。

戦前と今日の貨幣価値を厳密に換算することはできないが、諸説を勘案すると、同書が発行された一九二六（大正一五）年の二円は、今日の三〇〇〇円から四〇〇〇円に相当すると考えられる。一人当たりの額はそれほど大きくないが、人数によってはかなりの額になる。新聞広告という一度に膨大な数の人に情報を伝える手段が確立したことで、こうした詐欺が可能になったわけである。

なお、新聞広告は、新聞の購読が増えるのに比例してその数を増加させていった。当初は薬の広告が多かったが、明治の中頃からは書籍が多くの割合を占めるようになる。また、明治の後期からは一面を全面広告にする新聞が見られるようになった。大正期に入った時点で、東京朝日、東京日日、時事新報など当時の有力紙の多くは一面を広告だけで埋めるようになっていた。この傾向は昭和一〇年代に入るまで続く。

テレビもインターネットもない時代、新聞広告は事業者の宣伝ツールとして非常に大きな役割を果たしていた。もちろん、そのなかには悪徳事業者も含まれている。

新聞広告の利用が広がるなか、このスペースを使った通信販売も盛んになっていった。店に行かなくても必要な物が手に入るシステムは便利である半面、リスクを伴うことにもなる。今日でも、とくにインターネット上での取引においてトラブルの生じるケースが多い。不正を防ぐための仕組みづくりは進んでいるが、それでも詐欺事件は後を断たない。

法整備も十分になされていなかった時代、新聞広告に記された僅かな情報を頼りに商品を購入しようとして騙される事件は尽きなかった。送られてきた商品が偽物や粗悪品だったという事例は珍しくない。

たとえば、機械式時計の広告のように思わせておいて、実は日時計だったという、巧妙な文言で購入者を騙すケースも見られた。また、「胃腸病者の大福音、薬品機械を要せざる新療法にして一回試むれば食慾を増進せしむる事神の如し」というコピーとともに「秘密伝授料五十銭」と記した広告が出され、これを見て金を支払った人の元に送られてきたのは「三日間断食すべし」と書かれた紙だったという事例もあった（前掲書、一九頁）。

◇相手の心理につけ込む手口

貸金や商品販売のほか、求人広告を使った詐欺もある。今日、「副業詐欺」「在宅ワーク詐欺」という犯罪が横行しているが、一〇〇年前でも同様の詐欺は珍しくなかった。たとえば、新聞に「自宅副業寫（写）字生募集」という、文字を書き写す仕事を斡旋する広告を出し、応募した人から金を奪うというものがあった。

入会金五円、手本及用紙代三円、営業見本幾らと、とにかく合計十円近くも納めさせる、かくて夜の寸暇を惜しみながら奮励努力して、いよいよ書き上げたのを送れば、書体が悪いとか字詰めが違うとか何とか文句を付けて金は払わぬ。多数の会員が出来て多額の入会金などを捲き上げると、もうこのへんで打ち切りとばかりにどこかへドロンを極めてしまう。（前掲書、二七頁）

仕事をはじめる前に入会金を取られたり、物品の購入を求められる場合は詐欺を疑う必要がある。昔から言われ続けていることだが、今なお騙される人が後を断たない。応募する人の多くが、外へ働きに出ることは難しいが早く収入を得たい、というような焦った状態にあるからだろう。そうした相手の心理を利用した詐欺事例は枚挙に暇がない。

女優志願者の募集広告を使った詐欺も古典的なものと言える。大正時代は、大衆文化が発達した時代でもある。映画や演劇をはじめとするさまざまな娯楽に対する人気が高まった。スクリーンや舞台で人気スターが脚光を浴びるなか、日活撮影所や宝塚歌劇場には女優を志願する女性が多数訪れたという。そうした女性を狙った詐欺師も跋扈《ばっこ》するようになった。

ただでさえ女優になりたいと憧がれている矢先き、地方新聞あたりに『女優志願者大募集』の広告でも出ていると、もう我慢出来なくて忽《たちま》ち夢中になり、来るわ来るわ、履歴書と写真を封入した申込みが忽《たちま》ち山の如し、〔中略〕まず志願者一同に対して授業料幾ら一ヶ月の生活費幾らその他何々と記した規則みたいな物を送附する。これによってハハア喰い物にする気だなと気が附くような理性のある女なら引っ掛からずに済むのだが、親の金を盗んで家出しても女優に成りたいと言うような不良性を帯びてる女は、とうとうその通り実行して彼等の毒牙に掛かるのである。（前掲書、三三一〜三三三頁）

女優になるという、叶いそうにない夢を描く人の目には、「女優志願者大募集」の広告が一筋の光明に映ってしまう。社会経験の乏しい若い女性であれば、詐欺と気付く可能性も低い。詐欺師はそこに目をつけるのだ。今日でも、街中で女性をスカウトし、高額な登録料やレッスン料を要求したり、アダルトビデオへの出演を強要したりする事例が多数報告されている。

◇電報や電話が詐欺のツールに

新聞広告だけでなく、電報や電話などの通信手段も詐欺のツールとして使われている。その典型的なものが、昨今多発している「なりすまし詐欺（オレオレ詐欺・振り込め詐欺）」である。他人になりすまし、その人物の家族らに金銭が必要になった旨を伝え、振り込みや宅配、あるいは受取人が訪問するといった方法で金銭を詐取するというのが一般的な手口である。

なりすまし詐欺は、二〇〇〇年代に入った頃から盛んに報じられるようになった。年を経るごとに手口は巧妙化、多様化し、現在においても騙される人が絶えない。新しい犯罪のようにも思われるが、決して最近登場した手口というわけではない。一〇〇年前から同様の犯罪は多発していたのだ。『借金利用の妙諦』という本には、次のような記述がある。

他人の不在外出あるいは勤務旅行等の留守宅に行って、主人の友人だが途中で金を紛失したからとか、今御主人が急に金が必要なので頼まれて来たとかいって、金銭を詐取するものが随分殖えてきた。中には今御主人が途中で災難に遇ったとか、怪我をしたとかいって、病院へ連れて行くに急に金が必要だから自分が頼まれて来たと誠しやかに述べ立てて、留守宅の家人を吃驚させ、自分に対する疑問を抱く余地を無からしめて、容易に金を詐取するものもある。（帝国法制研究会編『借金利用の妙諦』一九二五年、一四九頁）

犯人は、家族の友人や知人になりすまし、直接家を訪問して金銭の詐取を試みている。この事例では、電報も電話も使われていない。なりすまし詐欺の原型とも言えよう。ただ、この方法では相手の家族になりすますことはできず、リスクも高い。通信手段の発達に伴って、それまでは難しかった家族になりすます手口が容易になった。

去月二十二日、市外東大久保東京医学専門学校学生石川■■の原住地高知県（中略）へ、■■が大怪我をして入院中だから費用百五十円送れとの電報を発した者あり。今までは取敢《とりあえ》ず金六十円を淀橋郵便局留置の電報為替で送金したが、二三日後さらに送金せよとの電報あり、不審を起し家人が上京、■■を訪問して初めて偽電詐欺にかかったこと判り淀橋署に訴え出て同署で取調べの結果、犯人は石川の同郷目下住所不定■■■■（一八）と判明、八日

同署に検挙した。（『東京朝日新聞』一九二六年二月九日付。記事の一部伏字）

東京に住む息子になりすまして、実家の母親を騙した事例である。電報を使えば、家族にかぎらず誰にでもなりすますことができる。なお、電報為替とは、郵便局に現金を払い込むとその旨が電信で払い渡しを行う郵便局に通知され、払渡郵便局で現金が相手に支払われるというシステムである。二〇〇七年の郵政民営化に伴いこのサービスは廃止された。

上記と同様に、学生の親元に電報を打ち、金銭の詐取を図った事件はたびたび報じられている。友人の親元へ「火事にあつて困る、送金せよ」という電報を打って三〇円を受け取ったのをはじめとして、複数の友人の実家へ同様の手口で偽電を送っていた事例（東京朝日新聞、一九二六年一一月一五日付）、「急病電報為替で四百圓送れ」という電報を東京在住の学生の親元へ計十数件打電し、総額四五〇〇円を得ていた事例（讀賣新聞、一九二六年一月二〇日付）など、複数のターゲットに対して詐欺行為を働いていた常習犯もいた。通信手段の発達は、自ら動くことなく、多数の相手に詐欺を働くことを可能にしたのである。

ターゲットにされたのは学生の親だけではない。国会議員の名を騙って「盗難にかかつて困つた、直ぐ六百圓浅草局留で送れ」という電報を議員の親族宅へ送った事例（東京朝日新聞、一九二五年四月一〇日付）、同様に「帝国ホテル丸焼け五百圓至急送れ」との電報を銀行の頭取へ送った事例（東京朝日新聞、一九二五年一二月三一日付）など、他人の名前を使って偽電報が送られる事件も頻発していた。

いずれも発生したのは大正末期のことだが、事件を知った者が手口を模倣するケースが相次いだとみられる。

当時のなりすまし詐欺は電報を使ったものが多かったが、電話が使われる事件もすでに起きていた。一九二五（大正一四）年七月二九日、名古屋銀行東京支店へ本店の重役を名乗る男から電話があり、「金四千円の入用が生じたので、今使いを遣るから渡してくれ」との指示があった。不審に思った支店長が本店に電話で確認すると、重役は社内におり、詐欺であることが分かった。銀行はすぐ警察に通報し、受け取りに現れた男と、受け取りを依頼した男は逮捕されている（『讀賣新聞』

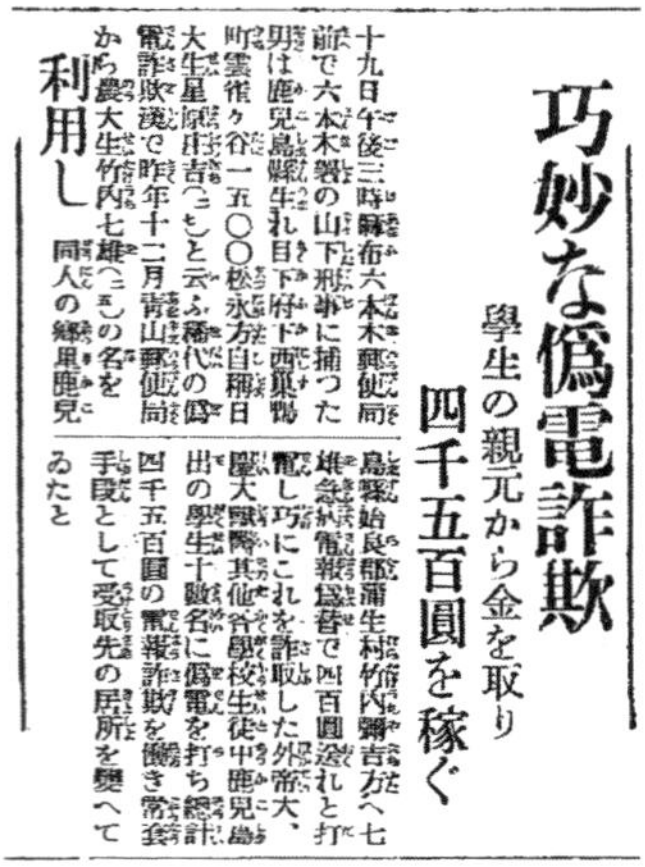

巧妙な僞電詐欺

學生の親元から金を取り

四千五百圓を稼ぐ

十九日午後三時麻布六本木郵便局前で六本木署の山下刑事に捕つた男は鹿兒島縣生れ目下府下西巣鴨町雲雀ヶ谷一五〇〇松永方自稱日大生星原正吉（二七）と云ふ稀代の僞電詐欺漢で昨年十二月青山郵便局から農大生竹内七雄（二五）の名を利用し同人の郷里鹿兒島縣始良郡蒲生村竹内彌吉方へ七雄急病治療費四百圓送れと打電し巧にこれを詐取した外帝大、慶大、早大其他各學校生徒中鹿兒島出の學生十數名に僞電を打ち總計四千五百圓の電報詐欺を働き常套手段として受取先の居所を變へてゐたと

『東京朝日新聞』1925年12月31日付

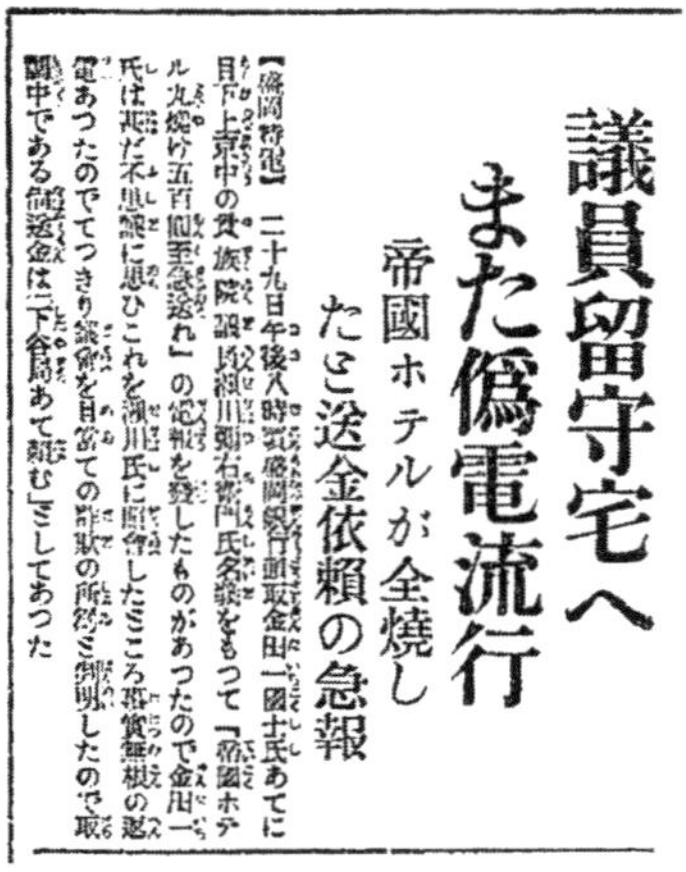

議員留守宅へ

また僞電流行

帝國ホテルが全燒し

たと送金依頼の急報

【福岡特電】二十九日午後八時福岡銀行頭取金田一國士氏あてに目下上京中の貴族院議員細川甚右衛門氏名義をもつて「帝國ホテル丸燒け五百圓至急送れ」の電報を發したものがあつたので金田一氏は甚だ不思議に思ひこれを細川氏に照會したところ事實無根の僞電であつたのでてつきり議會を目當ての詐欺の所爲と判明したので目下取調中である尚送金は下谷局あて頼む」としてあつた

『讀賣新聞』1926年1月20日付

一九二五年七月三〇日付）。

電報のケースと同様、議員の名を騙って議員宅に電話をかけ、「給仕を使いにやるからタンスの引出しにある財布を渡せ」と伝えた事例もあった。ちなみに、この事件は、実際にはタンスの中に財布がなかったため未遂に終わっている（『東京朝日新聞』一九二五年四月三〇日付）。

◇被害に遭わないために

大正末期に出版された、詐欺の予防・対策について記された書籍には、詐欺に遭わないための心得として次のようなことが書かれている。

いかにすれば彼等の犯罪を事前に予防し、その被害を免れることが出来るか。度々繰り返して述べた如く、それには何よりもまず一般世人が、彼等の犯行のいかなるものであるかを知り、その被害に掛からぬ前に於て、充分彼等の常套手段を看破し得るの心掛けがなくてはならぬ。〔中略〕

百の治療よりも一の予防に如かずで、転ばぬ先の杖はいかなる場合に於ても必要であるが、特に詐欺犯罪の如く、掛かった後では恢復《かいふく》の困難なるものにあっては尚更《なおさら》のことである。（帝国法制研究会、前掲書、二二六〜二二七頁）

その具体策について同書は、「最善の方法としては、これ等のことで人の掛けられて失敗した経験を参考として、出来るだけその見聞を広くして置くより外に道はない」と述べている。詐欺の手口を知っておけば、騙されることを防げるという見解である。

そして、「世人のすべてが、彼等の方法を知り、彼等の手段に気付き、彼等の奸策《かんさく》を看破し、彼等の機先を制することが出来るようになった時こそ、始めて彼等を徹底的に撲滅し得る時が来るであろう」と結んでいる（前掲書、一二八〜一二九頁）。

詐欺被害に遭う人のなかには、いわゆる情報弱者が多い。詐欺事件を含む世間一般の情報に疎い人、得た情報に対して真偽の判断が的確にできない人は詐欺師のターゲットにされがちである。今日では、高齢者の多くが情報弱者に相当すると言われている。事実、そうした人たちを狙った犯罪が後を断たない。

今日、なりすまし詐欺を防ぐため、さまざまなメディアを通して啓発活動が実施されている。高齢者が集まる施設やイベントで、分かりやすい寸劇を見せて対策を呼びかける取り組みも行われている。なりすまし詐欺の手口に関する情報はかなり増えているが、「徹底的に撲滅し得る時」に至る気配はまだ見えない。既存の情報の裏をかく巧妙な手口も増えており、対策・啓発が追いつかないというのが実情である。

大浜孤舟は続発する詐欺について、「お互《たがい》に注意して、彼等がいかに巧妙な網を張ってもそれに引っ掛かるような椋鳥《むくどり》になってはならぬ。そしてお互に『正直は最後の勝利である』という一語に名誉ある栄冠を戴かすべく益々努力していこうではないか」（大浜、前掲書、四頁）と訴えた。

「自分は大丈夫」と思っている人ほど詐欺に遭いやすいと言われる。自分の周りには詐欺師が張り巡らした網があり、「引っ掛かるかもしれない」と常に意識しておくことが対策の第一歩と言える。

第4章

若者たちへ

1 大きな志をもつべし

◇今どきの青年に対する批判

しかるに現代の青年には、遠大なる志が乏しく、大なる野心がない。進んで事に当る勇気がない、自らの力を恃《たの》むことが出来なくて、依頼心のみ強いのである。こんな具合で、野心がなく、標的がなく、覇気がなく、抱負がないならば、現状維持か退歩である。将来国家の中堅となるべき青年が、こんな意気地のないことでは、国家の前途も甚だ心細い次第ではないか。（澤柳政太郎『野心論』一九一六年、一六〇頁）

これまで言及してきたとおり、一〇〇年前の日本では、人々の暮らしに関するさまざまな分野で飛躍的な進歩が見られた。大半の庶民はまだ貧しい生活を強いられていたものの、豊かさを享受できる人は着実に増えていた。

また大正期は、国内において戦争のない平和な時代でもあった。そうした安定した世の中で豊かさを謳歌する人が多くなると、必ずと言っていいほど、庶民の堕落、退廃を指摘する声が大きくなってくる。戦後の日本、あるいは江戸時代も同様である。

なかでも、年長者からの若者に対する批判が目立つようになる。「今どきの若者は……」といった調子で眉をひそめ、「もっと○○すべき」といった説教じみた言葉を投げかけるのだ。澤柳政太郎（四八頁参照）も、そうした発言主の一人であった。

若者に向けられた批判は、これからの時代を担う世代に対する期待の裏返しという側面もあるだろう。だが、自らの若い頃を忘れたかのような一面的、近視眼的な物言いも少なくない。一〇〇年前の論者が当時の若者をどのように見ていたのか、いくつか挙げてみたい。

先述の山崎延吉《のぶよし》（八四頁参照）は、「近時の」青年について次のように述べている。

近時社会の出来事にしてもっとも憂慮すべきは、青年者の堕落である。人生の悲惨として最も看過すべからざる現象も、また青年者の堕落である。敢て統計に徴せずといえども、日々の新聞によりて吾等は、

青年に神経衰弱症に罹るものの増加する事
青年に精神病者や自殺者の増加する事
青年に煩悶《はんもん》者の増加する事
青年に不良の徒や犯罪者の増加する事
青年に徒食遊民者の増加する事

青年に破廉恥病者や破廉恥的醜行為者《しゅうこうい》の増加する事を発見する事が出来るのである。吾輩はそれ等を一括して、敢て青年の堕落というのである。
（山崎、前掲書、一八九～一九〇頁）

山崎が述べたとおり、当時の新聞をひもといていくと、若者の自殺や不道徳な行為を報じる記事が多々見受けられる。実際の発生件数はともかく、世の中が安定している時期は、そうした個人の行為に関する情報が相対的に目立ってくる。それらの記事だけをもって青年が堕落していると決め付けるのは早計の感がある。

山崎の発言にかぎらず、当時は「青年」と「堕落」が一連のキーワードであるかの如く記されることが多かった。青年らについて山崎は、指導者が理解を示し、正しい方向へ導くことが重要であると説いている。

詩人で評論家の大町桂月《おおまちけいげつ》（一八六九～一九二五）も、「今の青年」について具体的な例を挙げて批判している。

大町桂月（『桂月全集』口絵）

ハイカラをかけ、コスメチクを塗り、金時計をぶらさげ、身のまわりをぴかつかせて、貴公子然とかまえ込むが、驕楽なり、温泉にごろごろし、活動写真に現《うつつ》を抜かし、玉突に夢中になり、近頃流行る卑猥なる小説を耽読するが、佚遊《いつゆう》なり。〔中略〕

罪ある金を懐にして一夜の大尽、飲めや、歌えや、様子がよいの、喉がよいのと、うわべばかりのお世辞を真にうけて、ぐっと反身になって色男然たるが、宴楽なり。このような損楽を快楽と心得ては、人はただ堕落するばかりなり。青年時代せっかく有望の才を有しながら、一敗地に塗《まみ》れてまた起つ能わざるものは、ほとんどみなこの堕落のために身を誤りたるものなり。（大町桂月『学生』３巻６号、一九一二年、七頁）

才能がありながら失敗した人の大半は、享楽に走って堕落した者であるという指摘である。今日でも通用しそうな指摘だが、ここで挙げられた事例は、読んで分かるとおり富裕層の青年についての話である。決して、当時の青年全般に当てはまることではない。人間は豊かな生活を享受できるようになると、堕落して失敗に陥りやすいという典型的な見解と言えよう。

大町がこれを述べたあと、大戦景気で成金が登場するようになると、この種の主張はさらに多くなる。

堕落を戒める言説とともに、楽をして成功を勝ち取ろうとする風潮に対する苦言も多かった。

山口師範学校で教鞭をとっていた白井規一《きいち》（生没不詳）は、青年期に見られる心理について次のように述べている。

現実を離れて空想に走ることは最も青年期に多い。学業を勉めずして一躍博士たらんとし、生死の場を出入せずして大将たらんとし、直に眼前に黄金世界を招来しようとする。従って空想に耽《ふけ》り、夢の如き中に彷徨し我を忘れて楽しんでいる。いわゆる青年期の昼夢《デードリームス》なるものそれである。（白井規一『青年期男女の心理研究』一九二〇年、一六九頁）

空想に浸りがちになる傾向は、貧富を問わず青年一般に共通して見られたようだ。無論、今日の青年にも通じる。空想だけであれば直接堕落には至らないものの、そればかりに時間を費やし、現在の努力を疎かにする姿勢に対しては、多くの論者が注意を促している。

◇人格の向上を説く声

すでに述べてきたように、明治末期から大正にかけての時期は、人格向上の必要性を説く修養書が数多く出版されていた。当時の風潮は、「修養書ブーム」という言葉で表現されることもある。昨今の「自己啓発本ブーム」に近いとも言える。そうした流れのなかで、修養とは相反する姿勢を見せる青年に対して、批判の声が目立つようになった。

青年に対して修養の必要性を説く言葉としては、次のようなものがある。


　人間はとにかく本能に囚われやすく、殊に個性の尊重盛んなる今日に於ては、余程意志の強固なる人に非ざれば、本能の赴くままに邪道に走らんとするのであるが、これ最も青年の前途を誤りやすいもので、また社会に害悪を残すものであるから、諸君は心身に修養を第一とし、克己節制以てよく自身の慾情を抑え、世の誘惑に打勝つように努めなければならぬ。

（伊東米治郎『実業の日本』25巻22号、一九二二年、二一頁）


　この言葉は、当時の日本郵船社長・伊東米治郎《よねじろう》（一八六一～一九四二）のものである。まさに、この頃の論調を集約したかのような指摘である。「克己」や「節制」という言葉は修養書のなかで頻繁に使われ、その重要性を多くの論者が訴えた。

　若者の姿勢を批判し、修養の重要性を説く風潮が広まるなか、これに疑義を呈す声も上がっていた。先述の増田義一《ぎいち》（五二頁参照）は、青年に向けられた「覇気が乏しい」「利己主義に傾く」「堕落している」といった指摘に疑問を投げかけている。青年らを批判的に見る空気が広がる背景には、彼らに対する誤解があると説いた。

青年に対する誤解の根本は、現代社会の状態を閑却《かんきゃく》して先輩が自己の青年時代と比較するより起るのである。交通機関を始めとし、総ての物質文明が未だ幼稚で、諸般の設備不完全な時代に育った人々が、口を開けば我々の時代は斯く斯くであると論ずるのは、そもそもその比較が間違っている。〔中略〕

時勢が大《おお》いに変遷し四囲の事情が総て変っているのを顧みず、徒《いたずら》に過去の古き経験を無上の価値であるが如く信じて、これを以て現代青年を律せんとするはそもそも誤りである。（増田義一『実業の日本』25巻22号、一九二二年、一四頁）

時代の変化を無視して、過去の価値観をそのまま現在に当てはめようとする人は今も少なくない。増田は若者を批判する風潮を冷静に捉え、それが誤りであると指摘したのである。

実際、批判の対象となっていた「当時の青年」たちのなかには、のちに歴史に名を残す活躍をした人が数多くいる。試しに増田が先の指摘をした一九二二（大正一一）年時点で二〇歳だった人物（一九〇二年生まれ）を見てみると、次のような人物が挙がってくる。

生態学者・人類学者として多くの実績を残した今西錦司《きんじ》（一九〇二～一九九二）、三洋電機を創業した井植歳男《いのうえとしお》（一九〇二～一九六九）、吉田茂の側近としてGHQと折衝にあたったことで知られる実業家の白洲次郎《しらすじろう》（一九〇二～一九八五）、小説家の中野重治《しげはる》（一九〇二～一九七九）、横溝正史《よこみぞせいし》（一九〇二〜一九八一）、住井すゑ（一九〇二〜一九九七）らがその一例である。

個々にさまざまな評価はあるが、いずれも歴史に名を残す活躍をした人物であることは確かだ。彼らは、同世代のなかで例外的な存在だったのかもしれない。あるいは、彼らが上記のような批判を真摯に受け止めて、努力したのかもしれない。

いずれにせよ、青年に対する否定的な見解が、若者全般に対する指摘としてどこまで的を射ていたのかについては疑問が残る。その後も今日に至るまで、元「いまどきの若者」が同様の指摘を繰り返している事実から考えても、若い世代を批判することに意義があるとは思えない。

作家の樋口麗陽《ひぐちれいよう》（?〜一九三二）も、青年らに既存の価値観を押し付けようとする傾向を鋭く批判した。樋口は、『破青年訓』（一九二二年）という書物のなかで、大隈重信（一八三八〜一九二二）や乃木希典《のぎまれすけ》（一八四九〜一九一二）らが記した修養書に批判を加えたうえで、「要するに、有爵者の教訓書が、近来続々として現われ来りたるは、我利主義の出版業者とこれに脈絡せるへボ文士およびこれに類似せる不徳漢が

大隈重信（国立国会図書館所蔵）

金儲主義の手段としての所業として、話術者その人の真意にあらざるを知らざるべからず」（前掲書、二三〇頁）と述べ、ビジネスとして広がっている「修養書ブーム」を厳しく指弾している。昨今、世に溢れている自己啓発本にも、この指摘の通ずる部分があると言えよう。

◇今でも色褪せない教え

青年を批判的に捉え、教訓を垂れる修養書に対して右記のような批判もあるが、なかには今日でも十分価値をもつ言説も多い。たとえば、先述の大迫元繁（七九頁参照）は、青年に向けて「現在主義」、すなわち今を大切に生きることの重要性を説いている。

現在なくして将来はない。将来は現在より生れる。最善の現在は、求めずとも最善の将来をもたらす。各自が現在の立場に努力して徹底せば一挙にして精神の修養と物質的成功の両者を獲得するのである。

現在主義は、我等の日常生活を深大化せんとするものである。総ての瞬間を充実せんとするものである。これに依って、青年の理想も感激も歩一歩現実味を帯びるのである。将来が現在に活躍するのである。久遠《きゅうえん》が刹那《せつな》に充実するのである。

雪達磨《ゆきだるま》は、転がすに従って、太るのである。人間生活も、総ての現在を通過し、これに徹底して始めて、拡大されるのである。創造的進化である。徒《いたず》らに将来を急ぎ、理想にのみ憧れて一足飛を夢見ると、雪達磨は依然として、痩達磨《やせだるま》の域を脱し得ないが如く、我等もまたいつまでも呉下《ごか》の阿蒙《あもう》〔進歩のない人〕たらざるを得ないのである。理想や目的は向うにあるのではない。こちらから作りつつ進むのである。（大迫、前掲書、九六～九七頁）

先に見た白井規一の指摘、すなわち未来の空想に浸りがちな青年に対する訴えとしても説得力をもつ。今を大切にするという心掛けは、「今日という一日は、明日という日の二日分の値打ちがある」（ベンジャミン・フランクリン）、「その日その日が一年中の最善の日である」（ラルフ・W・エマーソン）といった言葉に代表されるように、多くの先人らも説いている。古今東西、普遍的な教えだと言えるだろう。

ちなみに、大迫は次のような指摘もしている。

およそ世界に於て、日本の青年程青年自身の力を知らず、従って自らを軽んじている青年は少い。彼のロシヤの青年を見よ、支那の青年を見よ、朝鮮の青年を見よ、彼等の思想、行動の、善悪はともあれ、明《あきら》かに彼等は彼等のなすあるを信じているのである。しかし日本の青年とても、一朝自覚せんか、必ず偉大な力を発揮することが、出来るに違いない。いつまでも老人先輩の天下でもあるまい。日本は最早《もはや》、旧套《きゅうとう》を脱し得ない旧人達に任しておく訳には行かないのである。（前掲書、二六〇～二六一頁）

二〇一五年に国立青少年教育振興機構が公表した「高校生の生活と意識に関する調査」（二〇一四年度）によると、「私は人並みの能力がある」との項目に対する高校生の回答は、「とてもそう思う」が七・四パーセント、「まあそう思う」が四八・三パーセントだった。この肯定的な回答二つを合わせると五五・七パーセントになる。

同様の調査をアメリカ、中国、韓国の高校生にしたところ、肯定的な回答は、それぞれ八八・五パーセント、九〇・六パーセント、六七・八パーセントとなった。

また、「自分はダメな人間だと思うことがある」との項目については、「とてもそう思う」「まあそう思う」という肯定的な回答をしたのは、日本の七二・五パーセントに対して、アメリカ四五・一パーセント、中国五六・四パーセント、韓国三五・二パーセントとなっている。

もう一つ、内閣府の「我が国と諸外国の若者の意識に関する調査」（二〇一三年度）では、「私は、自分自身に満足している」という項目について、「そう思う」「どちらかといえばそう思う」と答えた日本の高校生は四五・八パーセントだった。これに対して、韓国、アメリカ、イギリス、ドイツ、フランス、スウェーデンの各高校生に対する調査では、いずれも七〇パーセント以上が肯定的な回答をしている。

上記の調査を見ても、日本の高校生の自己肯定感が他国に比べて低いことが分かる。年によって若干の変動は見られるものの、概して日本人の若者の「自らを軽んじている」傾向は変わらない。一〇〇年前に大迫が発した指摘は、今日においてもそのまま当てはまるようだ。

社会生活を送るうえで、自己肯定感の高いほうが有利な場合が多いのは事実である。とはいえ、自己肯定感の低さは必ずしも悪いことではない。そうした傾向をもつ若者らが、一〇〇年前からずっと日本を支える人材となり、今日の繁栄を築いてきたという事実もそれを証明している。かつての修養書の如く、マイナスをプラスに転化するように促すことも重要であるが、闇雲にマイナス部分を否定的に捉える姿勢は見直したほうがいいのかもしれない。

真宗大谷派の僧侶で、のちに宗務総長を務める暁烏敏《あけがらすはや》（一八七七～一九五四）は、そもそも自分を肯定、否定するという考え方自体に疑義を呈している。

自分を肯定する人も、自分を否定する人も、共に自分已外に何か標準を持っているのではあるまいか。私は折々自分以外のある標準を持ってきて自分を肯定したり、否定したりしています。

これはつまらぬことです。自分でない所の標準、そんなものは実在しないものであります。

それに合うたからというて自分を讃美し、それに合わぬからというて自分を卑下するのはおかしいじゃないか。〔中略〕

自分を肯定したり、否定したりしていないで、まっすぐ自分自身の道を進めばよろしい。自分が自分の道を行くのに善もなく悪もない。故に特に讃美すべきものもなく、特に卑下すべきものもないではないか。（暁烏敏『死の国々』一九二五年、一八二～一八三頁）

自分の能力の有無、自分自身に満足しているか否か、といったことばかりを考えても意味はない。それよりも、自分が何を成すべきかを見定めて真っ直ぐ進むことが重要である。そうした達観した考え方もまた必要だろう。

2 覚悟をもって就職活動をせよ

◇社会に出る学生たちへ

吾輩はこれ等無職に泣くの徒は、畢竟《ひっきょう》その人に力がなく、勇気が欠乏しているからだと思う。人間は力あり、勇気さえあればほとんど何事も意の如く仕事は出来るものだ。いつでも職業がないではない、仕事は天下に満ち満ちている。

殊に社会が日進月歩して、生存競争が激しくなればなるだけ、各方面に仕事は増加してくる。そこでやろうと思う勇気さえあれば、何事でも出来るものである。（大隈重信『現代青年に告ぐ』一九一九年、三八〜三九頁）

一〇〇年前の論者らが残した言説には、これから社会に出ようとする若者に向けたものも多数ある。そのなかには、注目しておきたい言葉も少なくない。

冒頭の発言の主は、当時大蔵卿（大蔵大臣）を務めていた大隈重信（一九九頁参照）である。力と勇気があれば、仕事に就くことができるという主張だ。単に精神論を説いているだけのようにも思えるが、必ずしもそうではない。大隈は次のように続ける。


もちろん人は百人百色嗜好があり、適不適があるものだから、なるべく自己の好きな職業、適当な仕事に従事せんとするのは素より当然のことであるが、ただそれを選ぶばかりで、何でもやろうという勇気を有たねば駄目である。この複雑なる社会のことは、ただに学窓に居って空想していたこととは大いに相違があるもので、実に自己の長所短所や適不適ということも、実際社会の事物に触れてみなければ本当に解るものではない。（前掲書、三九頁）

職場・仕事の実態は現場で働いてみなければ分からない。入る前にベストな選択をしたと思っても、実際に職場に入って、思い描いていたものとのギャップに驚くという事例も珍しくはない。理想と現実は一致しないということを肝に銘じて、就職先を探すという姿勢は大切である。「選ぶばかり」の姿勢を否定し、選ばなければ仕事は見つかるとする主張には、今日も賛否両論がある。とはいえ、理想を求めるばかりでなかなか一歩を踏み出せずにいる若者には、大隈の言う「何でもやろうという勇気をもたねば駄目」という言葉も必要になるだろう。

大隈は「現代青年」に向けてこうした持論を展開しているわけだが、その現代青年とは、当時の若者全般を指していたわけではない。あくまでも、大学あるいは高等商業学校を卒業する学生を対象としている。高等商業学校とは、戦前において商業実務家を養成するために設けられていた専門学校で、そこに通っていたのは大学生に準ずるエリートであった。

一九一九（大正八）年に大学令が施行されて以降、大学の数は年々増加していくものの、そこへの進学率は戦前を通して一桁台に留まっていた。五〇パーセントを超えている今日と比べると、その比率には歴然とした開きがある。これに高等商業学校へ進学した者を含めても、当時の若者のなかではひと握りにすぎない。

そうしたエリートたちの多くは、卒業後に企業への就職を目指したわけだが、彼らを対象とした「新卒採用」は大正後期にはじまった。ちょうど同じ頃、給与所得者に対して「サラリーマン」

という言葉が使われるようにもなっている。今日「サラリーマン」と言うと、給与を受け取って生活する人全般を指すが、当時は、基本的に大学や高等商業学校を卒業したホワイトカラーを指していた。

◇近頃の学生の気質

新卒者の一括採用が行われるようになると、各界の幹部が、どんな学生を採用したいのか、あるいは今時の学生に対する印象について、自らの思いを明らかにする機会が多くなっていった。元外交官で日本銀行理事、のちに実業家となった河上謹一《きんいち》（一八五六〜一九四五）は、明治時代の学生の多くが「参議（大臣）になりたい」といった野望をもち、無茶なことでも挑戦しようとする気概があったと述べたうえで、「今時代の学生」の気質について次のように論じている。

彼等は実業界の泰斗《たいと》になりたいとか、金の蔓に有付きたいとか、順風に帆を揚てみたいとかいう、誠に穏当の気風になったのである。彼等が地位を求むる場合に於ても、大抵は大会社とか、大銀行とか大富豪とかを、選ぶ傾向があって、いずれも大樹の下は安全だという感念に附纏《つけまと》わられている。大樹も結構だが、その引っくり返った時にはその下敷となることをば全然忘れている。（河上謹一『実業の日本』21巻14号、一九一八年、二〇頁）

政治の世界で叩かれるよりも、実業界で安定した豊かな生活を送ることを望む学生の気風を河上は嘆いている。前節で見た、若者を否定的に捉える意見と同様の傾向が見いだせる。三井物産の人事課長であった田中文蔵《ぶんぞう》（一八七四〜一九四一）も同じように、当時の若者の気質をやや批判的に見ている。


近頃の学生は総じて常識が発達し、かつ利巧になった。旧《もと》は学生といえば世故に馴れない蛮的に近い人が多かったが、近頃の学生は万事如才《じょさい》なく、角が取れていかにも才気走っている。

その代りに一面に於て元気の銷耗《しょうもう》したことは争われない事実で、旧は三井物産などを望んで来る人は、まず十人が十人まで外国行きを望み、気候風土の如何など一向眼中に置かず、他の行きたがらない所に好んで行くという風があった。

ところが今日は、外国行きを望む人が割合に少なくなって、最初の二三年は内地に居て、相当の経験を積んでから行きたいというような希望を有する人が多くなった。もちろん三井物産に来る人は、いずれは外国に行きたいという希望を有《も》っている人が多いので、今日といえども外国行きを望む人は相当あるにはあるが、旧は十人が十人まで悉《ことごと》くそれで、処置に窮したのが今日はそれ程でなくなった。（田中文蔵『実業の日本』20巻9号、一九一七年、二五〜二六頁）

「安定志向」や「内向き志向」という言葉は、昨今の若者を表すキーワードであるかの如く頻繁に使われている。その実態はともかく、そうした若者の志向が時代を色濃く反映していることは右記の発言を見ても明らかである。

先に述べたとおり、一〇〇年前の日本では、国内において一応の平和と安定がもたらされていた。若者をとりまく時代背景は、今日と似ていると言える。粗野で荒々しい蛮カラ気質をかっこいいとする風潮は、大正に入ると退潮傾向が見られた。明治期の学生を知る田中からすると、大正期の学生はまさに覇気のない「今どきの学生」に見えたに違いない。

◇採用選考では健康を重視

蛮カラが廃れた時代のなかで、実業界は若者に対して、具体的に何を求めていたのだろうか。増田義一（五二頁参照）は、当時の企業がどんな人材を採用していたかについて次のように述べている。

会社銀行等に於て新卒業生を採用する標準は、どこでも大差はないが、時代によって多少相違することもある。例えば欧州大戦中我財界好況の時代には手腕技倆《ぎりょう》に重きを置き、才能第一の傾向あったが、戦後の反動から不況に移った後は、才能よりもむしろ人格に重きを置

くという傾向になった。（増田義一『青年出世訓』一九二五年、二七頁）

こう述べたうえで、具体的な採用基準について、銀行を例に次のように紹介している。

「三菱（現・三菱ＵＦＪ銀行）では現に第一人格、第二健康、第三学問という順序で卒業生を採用する」

「三井（現・三井住友銀行）では第一健康、第二人格、第三学業という順序である」

そして、安田（現・みずほ銀行）については、「最も重きを置くのは身体の健康と、人格及び意志の強弱である」と述べている（前掲書、二七頁）。

人格を挙げているということは、すなわち人物重視で採用するということである。学業成績よりも人柄を重視する傾向は今日の企業においても同じであろう。これと同等に、当時の企業が健康を重視していた点が注目される。

勧業銀行（現・みずほ銀行）の総裁であった志村源太郎（一八六七〜一九三〇）も、採用基準について、「第一身体の健康な人である事を望む、いかに敏腕家であっても、頭脳がよい人であっても、身体が弱くて欠勤を多くする様では到底駄目である。身体の弱い者はどうしても立派な実業家として立つの資格なき者であるといわねばならぬ」（『世界之日本』4巻7号、一九一三年、五〇頁）と述べ、まず健康であることを求めている。

銀行以外でも、大日本製糖（現・大日本明治製糖）の社長の藤山雷太《らいた》（一八六三〜一九三八）は、「学校の新卒業生を採用するにしても、学才はいかに優れていたにしろ、身体が不健康で、羸弱《るいじゃく》であったら採用しない方針である」（『実業の世界』15巻7号、一九一八年、二八頁）と述べている。

今日、企業が労働者を雇用するに際しては、健康診断を実施することが労働安全衛生規則で義務付けられている。ただ、選考段階で必要以上に健康状態や病歴を確認すると就職差別につながる恐れがあることから、採用基準として健康が表立って掲げられることはない。そうした事情を除いても、今日あえて健康面を重視するという採用担当者は少ないだろう。だが、一〇〇年前の日本では事情が違った。

昭和に入るまで、日本人の平均寿命は四五歳を下回っていた。もちろん、これは〇歳児の平均余命である。当時は乳幼児死亡率が極めて高かったため、平均寿命の数値も低くなっていた。二〇歳以上の平均余命で考えると、成人を迎えた人は平均で六〇歳以上まで生きている。二〇歳の若者にかぎって見ると、その平均余命はおよそ四〇年である。「平均寿命」を大幅に上回るものの、今日と比較して、かなり寿命が短かったことに変わりない。

統計では、一九二〇（大正一〇）年の二〇〜二四歳における人口一〇〇〇人に対する死亡率は一一・三となっている。二〇一七年の数値〇・三四と比べても、その数値の開きは明らかだ。一一・三という死亡率は、おおよそ今日の七〇歳前後の数値に相当する。当時の若者が、いかに高い確率で亡くなっていたのかが分かる。また、この頃の日本人の死因で上位を占めていたのは、肺炎や結核をはじめとする病気であった。健康を重視せざるを得なかったのは当然のことかもしれない。

ちなみに、今日の日本人の一五～三四歳における死因の第一位は「自殺」である。この年代で自殺がトップを占めているのは、先進七か国で日本だけだ。他の国はいずれも「事故」が第一位となっている。人口一〇万人あたりの死亡者数で比較しても、日本は突出している。その意味では、今日の日本の若者に関しては、精神面での健康を重視する必要があるとも言える。

◇企業幹部が求める人材

志村源太郎は、先に見たように健康を採用基準の第一に掲げているわけだが、二つ目として「常識の発達した人が欲しいと思う」と記し、三つ目としては次のような希望を述べている。

第三には悪事をする方法位知っている人物が欲しい、実業家に限らず、いかなる方面の人々でも悪事をしてよい事はないのであるから、自ら悪事をする様では困るが、しかし悪事をせぬ者には往々、お人好しが多くて困る。お人好しには到底立派な実業家になる資格がないのであるから、よく悪人のする事を察して、銀行などへ金を借りに来る人にはこんな好手

段を用ゆる人があるという様な事は知っていて、その好手段にかからぬ様にしなければならぬ。（志村、前掲書、五〇〜五一頁）

悪事を働く者がどんな手段を使うのかについて知っておくことは重要である。その必要性は、前章でも見たとおりである。とくに銀行の場合は、融資を受けるために粉飾決算や資料の改ざんを行う事業者と対峙せねばならない。

今も昔も世の中には嘘がはびこっている。金銭を扱う仕事に就く者に、それを見抜く目が人一倍求められることは確かである。ただ、銀行員自身が詐欺的な行為を働くケースも、昔から散見される。志村に言わせれば、そういう人物こそが「実業家になる資格」をもっているのかもしれないが、これが跋扈《ばっこ》する世の中であってはいけない。

山下汽船（現・商船三井）副社長の松木幹一郎《かんいちろう》（一八七二〜一九三九）は、当時の若者の傾向を踏まえたうえで次のように述べている。

私等が、人を採用する時に一番困るのは、その人に何の考えもない場合である。実業界に這入《はい》る目的を聞いても、ただ景気が良さそうだからだけの考えでは甚《はなは》だ困る。諸君はそんな幼稚な答弁をなさぬ様に、世間というものを少し知って貰いたいと思う。諸君は実際世間というものを知っていない人達の様に思われる。これは詳しく知る必要はないだろうと思うけれども、一通りの事は知って置かなくては、就職した上で困る事がある。（松本幹一朗『実業の世界』15巻7号、一九一八年、三三頁）

社会に出るにあたって、最低限の世間の常識を身につけておく必要があるという指摘は現在でもよく耳にする。今日では、世間の常識には疎くても、面接での受け答えや応募書類に関する「常識」は心得ている学生が多いとも言われている。そうした「常識」に依存する、就職活動のマニュアル化を嘆く声が聞かれるようになって久しい。

とはいえ、実社会と対峙した経験の乏しい学生が、徒手空拳《としゅくうけん》で就職活動に望むのは無謀とも言える。そう考えると、マニュアルに頼ろうとすることは止むを得ないのかもしれない。そんな若者らの需要を満たすべく記された今日のマニュアル本に類する記述は、すでに一〇〇年前からあった。たとえば、当時の本では、面接について次のように指南している。

快活であって、温和で、愛想がよくて、さも敏捷らしい風采をして、応対するという事は、まず試験的面会に及第する秘訣である。それから、もう一つは、服装であるがこれもまた、立派なものでなくてはならぬわけではないが、相当する服装が必用である。すなわち、会社員は会社員らしい服装、商店員は商店員らしい服装をして、自分の地位に相当したところの服装を、用ふる事に注意せなくてはならない。〔中略〕

また態度は沈着で軽操でなく、言語は明晰にして、かつ丁寧に、礼儀の正しい。傲慢なのや、曖昧な事や、遅鈍らしい事などは、宜しくないのである。（東京就職通信社編『各種事務員就職案内』一九一四年、一三〜一四頁）

漠然とした感はあるものの、伝えようとしている内容は今日とそれほど変わらない。昨今のマニュアル本に比べると不親切に見えなくもないが、手取り足取り事細かに解説する指南書より、むしろこの程度のほうがよいとも言える。

マニュアル全盛の現在、学生の履歴書には同じような自己ＰＲ文が書かれ、面接では同じような回答ばかりが返ってくるとも言われている。そんな学生に、物足りなさを感じる人事担当者も多いようだ。

今日、マニュアルを含め、就職活動に関する情報は必要以上に溢れている。企業に関する情報についても、その膨大な量に圧倒され、大隈が述べたような「ただそれを選ぶばかり」の状態に陥っている学生もいるだろう。その意味では、就職活動をする学生にとっては大変な時代になったのかもしれない。

3 もっと本を読むべし

◇本を読まない日本人

現代の日本の実業家などは余りに書物を読まなさ過ぎる。彼等の無智には実に驚く外はない。彼等は現代の文学や哲学や芸術やまた一般的な科学について知るところがほとんどないと言ってよい。そして彼等の人格の低劣で野卑なことは、実際何と言ったらよかろうか。言うべき言葉もない。（佐野、前掲書、二一七頁）

昨今、日本人の読書離れがよく指摘される。文化庁が二〇一三年度に実施した「国語に関する世論調査」によると、全国の一六歳以上の男女に対して一か月の読書冊数を尋ねたところ、「読まない」が最多の四七・五パーセントを占めた。以下、「一、二冊」三四・五パーセント、「三、四冊」一〇・九パーセント、「五、六冊」三・四パーセント、「七冊以上」三・六パーセントとなっている。

「読まない」の割合は、過去の調査結果に比べて増加している。読書量が減っているか否かの問いに対しても、「減っている」と答えた人が最多の六五・一パーセントを占めた。

実際に読書離れが進んでいるかどうかについてはさまざまな見方があるものの、「最近の日本人は本を読まなくなった」と訴える声が絶えることはない。そうした声は一〇〇年前にも聞かれた。先述の佐野袈裟美（二一一頁参照）もそう主張した一人である。佐野は実業家を槍玉に挙げ、読書量が少なく無知であることを嘆いている。そして、次のように続けている。

実業家と言わず、その他の職業に携わっている者にしても、一般に亘ってではあるが、日本の社会のように、いやしくも文明国と言われていながら、読書趣味の低級な社会が外にあろうか。下らない他愛もない内容の貧弱な、ただ一寸《ちょっと》面白く読ませるというだけで何の得るところもないような程度の本ばかり売れて、内容のしっかりした真面目な研究のもとに書かれた本は、ほんの僅かしか売れないような有様である。高尚な文学や哲学や科学や社会問題を取り扱った本などは、一般の民衆からは余り見向かれもしないような状態のもとにある。

（前掲書、二一七〜二一八頁）

佐野は、読書の量だけでなく、その質についても苦言を呈する。内容の貧弱な本ばかりが売れて真面目な本が売れないという指摘は、先に見た新聞読者の傾向と共通する。一般庶民が「真面目な研究のもとに書かれた本」を敬遠する理由の一つとして、三井信託の副社長でもあった実業家の船尾榮太郎《えいたろう》（一八七二〜一九二九）は次のような指摘をしている。

近代の書物の通弊は文字に無駄が多く、徒《いたずら》に冗長で意味の捕捉にワザと面倒な様な書き振りをする事である。殊に訳書の中に誤訳の夥《おびただ》しい事は誰れも腹立たしく馬鹿々々しく感ずるところである。吾等読者は忙がしいのである、著者訳者はこれを思い少しは反省するところあってよろしかろう。（船尾榮太郎『実業の日本』29巻21号、一九二五年、二七頁）

今日の書籍にも、この指摘が当てはまるケースは多い。単純に読みやすさを追求すればよいわけではないが、書き手の独り善がりになっている記述は改めるべきだろう。文章の読みやすさという点を含め、読書離れを促している原因の一端は本を出す側にあるのかもしれない。

◇幅広い知識を養うために

多くの読者が、「内容の貧弱な」本を好む傾向があることについてはともかく、読書の価値を評価し、その必要性を訴える意見は当時の論者に共通していた。大隈重信は次のように語っている。

いやしくも社会の表面に立ちて活動せんと欲するものは、政治家であれ、実業家であれ、教育家であれ、絶えず時代の趨勢に着目して、その消長変遷に応ずるだけの新智識を収容するに努めねばならぬ。それはもちろん、読書が必要である。（大隈、前掲書、七〇頁）

大隈は、ただ他人に読書の必要性を説くだけでなく、自分自身も「もちろん暇さえあれば書物を読む、暇さえあればその間酒でも飲んで騒ぐというようなことはしない。それよりか読書をする」（前掲書、六八頁）と述べている。

国会議員や東京市長（現・東京都知事）を務めた奥田義人《よしと》（一八六〇～一九一七）も、とくに若い世代に対して読書の習慣を養うべしと訴えている。

今日我国の実社会に立って職業に就ける者を観るに、特別に書物を読まずとも、事務を執るに差支えなく、関係書類にさえ目を通して、敏速に裁決してゆけば、年所を経るに従って、勅任官ともなり、頭取ともなるを得る結果、読書を怠るものが甚だ多いのであるが、一個の公人として、もしくは人としてこれを見る時には、甚だ物足らぬ感がするのである。（奥田義人『学生論』一九一六年、一四〇頁）

明治以降、日本の産業化が進展するとともに分業化も進んでいった。高度な知識・技能が必要とされる分野でも、個々の従業者は所定の業務をこなす能力さえ身につけておけば事足りる。そうして、特定分野のスペシャリストとしての域を出ることなく、年とともに昇格を果たして指導的地位へと至ってしまう。組織のトップに立てば、外部の人間と交流する機会も増えるわけだが、幅広い知見を備えていないリーダーは物足りない人物と思われる可能性が高い。

奥田は、ナポレオンやリンカーン、F・ルーズベルトらを引き合いに出し、偉人と称されるリーダーたちはおしなべて読書家であったと述べている。そして、次のように訴える。

古典とかその他標準的図書とかいう物は、青年時代に読まずんば、後年これを読まんとするも、到底余暇と余力との容《ゆる》さないものがあるから、学生時代には、なるべくドッシリした纏《まと》った書籍を読むことに力を注ぐことが必要である。（前掲書、一四二～一四三頁）

奥田はこのように述べ、教養のないリーダーとならないよう、とくに学生に対して幅広い分野の読書をすすめている。

当時、浦賀船渠《せんきょ》専務取締役を務めていた今岡純一郎（一八七四～一九三四）も、学問の専門化が進んだことで常識・教養に欠ける日本人が増えたと指摘している。その具体例として、次のような事実を挙げる。

何しろ日本の工業技術者なる者は小供の時代から箱詰教育を受けた上にさらに、専門教育を授けられたのであるから、活社会に乗り出した時には、何等常識的心得がなく、時候の挨拶も出来なければ、お客に応接しても話が出来ぬといった非常識振りの人があるようになるのである。（今岡純一郎『実業の日本』24巻13号、一九二一年、五七頁）

今岡は、「中学校以上の学校で、日本の総理大臣の姓名を生徒に尋ねたところが、答え得なかったものが相当に多数あったというではないか」（前掲誌、五六頁）といった例も挙げ、読書を含めた家庭や学校における教育の充実を訴えた。

さらに、詩人の平井晩村《ばんそん》（一八八三〜一九一九）は、国民が読書をしなくなれば国家の衰退につながると警告した。

全然読書力の欠乏せる国民は、必らず無智野蛮の国民として、常に文明先進国の圧迫の下に、悲惨なる運命を荷わなければならないのである。また読書力の減退しつつある国民は、やがて亡国の酷《みじ》めな涙に浸らねばならぬ哀れむべき国民である。社会国家が個人個人の集合によって組織されている以上、個人の進退が国家社会の運命に影響を及ぼすのは当然の数であるから、読書によって智能を啓発され進化してゆかぬ国家国民の衰頽《すいたい》は免るべからざる真理である。（平井晩村『読書の趣味と其方法』一九一六年、一三頁）

読書の必要性を訴える声が各方面から挙がるなか、一九二四（大正一三）年一一月に「図書週間（読書週間）」が制定され、とくに子どもらを対象に読書の習慣化を促す活動がはじまった。この試みについて、日本図書館協会理事の今澤慈海《いまざわじかい》（一八八二〜一九六八）は、「学校にいる間に読書の趣味を養い、習慣を作って置きさえすれば、学校を出ても、主婦も女中もこの習慣になずんで、知らず識らず読書する様になる筈で、読書週間はこのために設けたわけである」（『東京朝日新聞』一九二四年一〇月二六日付）と趣旨を語っている。「図書週間」は一九三九年に廃止されるが、戦後「読書週間」として復活し、今も読書の習慣化に一定の役割を果たしている。

◇くだらない本は避ける

読書を推奨する意見は、「図書週間」の設置といった形でも具現化していったが、そこでは読書の内容も問われた。先に佐野袈裟美が指摘したような「下らない他愛もない内容の貧弱な」本は推奨されなかった。とはいえ、「好ましい本」と「好ましくない本」の線引きは明確にできるものではない。言うまでもなく、論者によって見解に差がある。だが、小説に関しては、若年者にとって「好ましくない本」として位置づけられることが多かった。
たとえば、当時の道徳の教科書には、小説について次のように書かれている。

世には趣味を養わんがために小説を読むべしというものなきにあらねど、これまた成業の後に譲りて可なり。特に現今の小説は、平凡の人、極めて感情的なる人、意志の薄弱なる人などを主人公とし、そが内外の誘惑に抵抗すること能わずして、堕落し行く状態を描きたるもの多し。これを読み行く中に自ら卑劣なる感情を起し、あるいは道理なき空想に耽り、もしくは自ら作中の人物を摸するに至り、その品性を下劣ならしむる恐《おそれ》あり。さなくとも小説はこれを食物に譬《たと》うれば胡椒《こしょう》、辛《からし》等の嗜好品に類し、むしろ大人の口に適するものなり。閑あらば偉人、傑士の伝記を繙《ひもと》くべし。また東西の古典を読べし。（澤柳政太郎『中学修身書〈巻3〉』、一九二三年、六二〜六三頁）

著者の澤柳政太郎（四八頁参照）は、若者は書物の登場人物に影響されやすいという理由で、小説よりも偉人伝などを読むことをすすめている。小説は大人になってから読めばいい、という意見である。大町桂月（一九四頁参照）も、小説そのものは否定しないものの、それに夢中になることには否定的な見解を示している。

余は年少の士に告ぐ。詩歌小説を読みて情感を養うは可なり。されどこれに耽るべからず。詩歌小説は情に訴うるものなれば、これに耽らば情は高まるべけれど、毫《ごう》も意志の鍛錬を補うものなし。薄志弱行とまではならずとも、気随我儘《きずいわがまま》にして放言を喜び、着実をいやしみ、物のあわれは知れども、規律を嫌い、堅忍不抜の気象ついに欠乏するに至るべし。古来詩人文人美術家などは、皆意志の鍛錬なきものなり。情のみ高まりかつ熱す。これ詩や文や美術品をつくるには適すれども、世に立ちて事をなさむには、最も不可なり。（大町桂月『大正青年訓』一九一七年、三四一頁）

美術や文芸の世界で生きる人は別として、実社会で活躍しようとする人にとって小説は適当でないという意見である。大町は続けて、「余輩は文学を愛す。しかれども人心を軟化し、風俗を紊《みだ》る駄小説を排斥す」と述べている。

ひと口に小説といっても多種多様であるが、当時はいかなる小説も教育上好ましくないとする意見は珍しいものではなかった。今日も、青少年に「有害」とされる書籍が不健全図書に指定されることはあるが、当時の教育関係者らが想定していた「不健全」の基準は今日よりも明らかに厳しかった。

　青少年が夢中になるものに対して、大人からその影響を危惧する声が挙がるのはいつの時代も同じである。時代を下れば、漫画、映画、テレビ、そしてインターネットに至るまで、不健全な内容のものが含まれているという指摘から、メディアそのものを目の敵にする意見が各方面から出されてきた。昭和二〇年代から三〇年代初頭にかけては、ラジオでさえもやり玉に挙げられていた。ラジオドラマの冒険活劇が、青少年に人命軽視の風潮をもたらす恐れがあるという指摘である。こうした事例をはじめとして、今の基準で見ると過剰とも思える反応がかつては多かったのだ。

　インターネット上に「不健全」なコンテンツが溢れている現在、あえて文学や小説を目の敵にするような声は極めて小さくなった。ライトノベルなど軽薄とされる作品を否定的に捉える意見もあるが、活字を読む習慣を身につけるという意味では、そうした作品も決して否定されるものではない、という見方もある。

◇寸暇《すんか》を読書にあてる

　先に見た「国語に関する世論調査」によると、「読書量が減っている」と回答した人がその理由として挙げたなかで、「仕事や勉強が忙しくて読む時間がない」がもっとも多くの割合を占めている。一〇〇年前の日本人も同様に、とくに労働者は読書をする余裕のない人が多かった。日清製粉の創業者である正田貞一郎《しょうだていいちろう》（一八七〇〜一九六一）は、自身の読書習慣について、毎日決まった時間は設けず、列車での移動中など、いわゆる隙間時間を活用していると述べている。

> ちょっと閑が出来たが、読む書物は手元にない手持無沙汰になる、自然煙草をふかしたり、人と無駄話をして時間――それこそ本当に貴重な時間を無益に過ごしてしまう。これほどつまらぬ、これほど馬鹿げたことはない。それ故汽車の中といわず、電車の中といわず、事務の卓の上といわず、随所随所、自分の身辺には自分の読むべき書物を必ず持っているという風に心がけねばならぬ。（正田貞一郎『実業の日本』28巻16号、一九二五年、六九頁）

車内で書物を読むことについては、目を悪くするという理由から「控えるべき」との意見もあった。それでも、読書家たちはそうした指摘を気にすることなく、列車での移動中に読書を楽しんでいた。正田のように多忙な生活を送る読書家の多くもこれを実践し、推奨している。車内にかぎらず、寸暇を読書の時間に充てることの有効性を説く論者は昔も今も多い。

読書の習慣を身につけている人にとって、常に本を持ち歩くのはごく日常的なことだろう。だが昨今は、スマートフォンの普及などによって、車内やその他の場所で本を開く人を見かける機会は明らかに少なくなった。スマートフォンを使って読書をするという人もいるが、その割合は決して大きくない。「本当に貴重な時間」を無駄にせぬよう、正田の訴えは心に留めておきたいところである。

正田は先の記事のなかで、読書の方法とともにその効用を説いたうえで、「私は自分の子供達にも常になるべく読書の習慣をつけさせ、また必要な書物は十分に与え、また常に用意しておくようにさせている」（前掲誌、六九頁）と述べている。その子どもたちは、のちに実業家や学者として功績を残すに至っている。

ところで、車内で読書をするという行為は、日本人の読書文化の発達に大きな役割を果たしてきたと言える。明治に入って以降、鉄道網が発達するのに伴い、乗客が車内で長時間過ごす機会は多くなっていく。そうしたなか、車中で暇を潰す方法として、書物を読むことを推奨する声も増していった。そして、車内での読書は庶民の習慣として定着していく。多数の乗客が車内で読書をするようになると、駅の売店で新聞や雑誌が多く販売されるようになり、出版文化の発展にもつながっていった。

ただ、明治の中頃までは、こうした読書習慣がトラブルを引き起こすケースもあった。今日、読書は一人で静かにするのが当たり前とされているが、当時はそうではなかったのである。書物は、声を出して読むというのが一般的だった。家庭や公共の場で、文字を読める人が読めない人に新聞や書物を読み聞かせることも、ごく当たり前の行為として行われていた。

このような習慣を車内にもち込めば、これを不快に思う人も当然出てくる。当時は、音読する人と、それを迷惑行為と見なす人が衝突することも多かった。だが、年を経るに従い、音読の習慣をもつ人は少数派に転じていった。明治末期になると黙読が一般化し、乗客が静かに書物を読む姿が日常の光景となっていく。

それから一〇〇年を経た今日、乗客の手にはスマートフォンが握られ、小さな画面に黙々と向かう姿がごく一般的なものとなった。鉄道の発達によって育まれた日本人の読書文化は、一つの転換点を迎えているのかもしれない。

エピローグ

一〇〇年後の日本は

◇二一世紀の東京の景色

百年後に於ける東京の交通機関、それはもう電車自動車の時代ではなくなってしまっている。従来これが研究に幾多の犠牲者を出したと称される飛行機が既に完全の域に達し、市の交通機関はほとんどこれが独占の有様である以上、東京を覆える蒼空は群鴉《ぐんあ》の如くに飛行機が縦横に飛翔しているは更なり。飛行船はまた大鵬の如くゆらりゆらり浮遊しているのである。（武田櫻桃『少年世界』20巻6号、一九一四年、一七六～一七七頁）

『少年世界』20巻6号

俳人で編集者の武田櫻桃《おうとう》（一八七一～一九三五）は、一〇〇年後の東京は飛行機が主要な交通手段になっていると述べている。残念ながら武田の予想とは異なり、今日の東京では、まだ電車や自動車が日々多くの人を運んでいる。昨今、空飛ぶ自動車の開発が加速し、実用化は近いと言われているが、それが広く普及するのはもう少し先になるだろう。

飛行機は二〇世紀初頭に初めて有人飛行が行われ、その後次々に改良が施され、飛躍的に実用性が高められていった。飛行機が未来の交通手段として注目を浴びるようになった時代、武田もその大いなる発展を夢見ていたのである。

本書では、一〇〇年前の論者の言葉を通して、当時の日本社会を概観してきた。ここでは逆に、一〇〇年前の論者が一〇〇年後の未来をどのように描いていたのかについて見ていきたい。

ただに空中の機関を飛行機のみとすれば、随分団体の往来や、荷物の運輸に不便を見る次第であるが、そこにはまたこれを補う機関がある。それには自動電気昇降機とか架空索道とかいうものがあって、市内の空中に幾條の虹を吐き、それが長く郊外十数里の地に亙っている。南は横浜から、北は千住に及び、東は葛飾から、西は中野に及んで、昼夜往来している。

（前掲書、一七八頁）

「自動電気昇降機」はエレベーターやエスカレーター、「架空索道」はロープウェイを指す。これらが飛行機を補う交通手段として都市内部および都市間を結ぶということだ。これも武田の思い描いたとおりにはなっていないが、人が地面から離れたところを移動するという発想は、この頃の時代背景を反映していると言える。

人口が増加を続けていた当時の東京では、市民が郊外に居を構える動きが進んでいた。そうした人々を運ぶ鉄道では、すでに通勤ラッシュが発生していた。人が地上を平面的に移動する流れが過密化するなか、これを垂直的に移動させることも構想されていた。高層ビルや地下鉄など、都市における上下の空間を活用する動きも加速化していった。

それと同時にまた東京市街に電柱が一本も見られなくなる、電話や電信が無くなった訳ではないが、無線電信の研究は遂に架空線の必要を見なくなって、電信も電話も発信機と受信機とを備えてさえ置けば凡《すべ》て空気中のエーテルを透して、自由に通信し得られる域に達したからだ。（前掲書、一七八頁）

無線電信が発達するとの予想は、今日の状況と合致している。ただ、電柱はまだ各所で存在感を放っている。災害対策の面からも地中化の推進が叫ばれてはいるものの、全般的に見ると、遅々として進んでいない。なお、「エーテル」とは光などを媒介する物質として想定されていたものだが、今日では存在が否定されている。

都市の美観を害し、危険の慮《おもんぱかり》あるものとして嫌悪されつつあった煙突、それすら遂に百年前に至るまでは、長きもの程効力あるものとして、三十尺、四十尺の高煙突を樹《た》てたものであったが、その後消煙器の発明と共に、漸やく短縮せられ、遂には地上五尺を出てぬことになってしまったから、本所、深川の工業地にあっても、今では煤煙の問題も皆無となり、従って市の道路樹もこれが迫害を免れて、緑滴《したた》るる樹容を遺憾なく示す事となったのは、いかにも文明の賜物であるといわねばならぬ。（前掲書、一八〇～一八一頁）

煙突については、今日ではかなり少なくなったと言えるだろう。明治以降、産業化の進展に比例して増加していった公害は、昭和三〇年代から四〇年代にかけてピークを迎え、その後、減少していった。今日、煤煙問題は皆無とまではいかないが、かつてに比べれば飛躍的に改善したと言える。

武田は同書で、「ドールホテル」という、ロボットホテルのようなものも描いている。

一切ボーイウエーターを使用せず、接待凡て電気の作用によって、万遺憾なからしむる施設になっている、まず旅客が同館を訪うや、電気昇降は直ちに旅客を客室の階段に案内し、瀟洒《しょうしゃ》なる服装せる少女人形は珈琲を運び、掃除、洗面給水等、凡てまた人形の司るところとなっている。（前掲書、一八〇頁）

人形が司るホテルが構想されてから約一〇〇年後の二〇一五年、長崎県にあるテーマパーク「ハウステンボス」に、「変なホテル」という世界初のロボットホテルがオープンした。そこでは、フロント業務や荷物の運搬などをロボットが担っている。同ホテルはその後東京にもオープンし、武田のイメージに近いサービスを提供している。

武田が未来を描いていた当時、まだ「ロボット」という言葉はなかった。それでも、電気の可能性に注目が集まっていた時代背景の下、彼は人形が人間の代わりに働く未来を想像していた。この点については、優れた先見の明をもっていたと言える。

ここまで武田櫻桃の描いた一〇〇年後の東京を見てきたが、これと同じように、未来の世界に言及した記述は少なくない。そこでは、科学技術の進歩や生活環境の変化という点から未来の様子が描かれている。ただ、その多くは、当時の科学技術の水準を踏まえつつも、空想の域を脱していない。どちらかといえば、エンターテイメントの印象が強いと言える。

◇日本社会はどう変わるか

一〇〇年前の日本では、科学技術に関する未来予想が多々示されていたのに比して、政治、経済、社会の変化について具体的に論じたものはそれほど多くない。

そんななか、大阪朝日新聞記者の岡本鶴松《つるまつ》（?~一九四五）は、一〇〇年後の社会について興味深い記述を残している。『異国の華を尋ねて』（一九二六年）という書物のなかで、科学技術だけでなく政治、経済、国際情勢、宗教、教育など幅広い分野にわたって、一〇〇年後の日本がどのように変化しているかについて論じている。そこから、本書で言及したテーマに関する部分のみ抜粋してみる。

婦人の地位

来るべき一世紀間に婦人の社会的地位は全然変化する。丁度男子と正反対になって、婦人が男子の上に立って社会の秩序、平和を維持するようになる。もし婦人の社会的地位が現在のままであるなら国際連盟も発達しないし、平和の楽園も出現しないであろう。〔中略〕

婦人が優越を占める社会に於ては戦争は行われない。されば真の平和出現は婦人の覚醒によってのみ予期されるのである。婦人が男子の奴隷となっている社会には決して平和はない。平和がないばかりでなく犯罪が多い。道徳が低い。公徳心が低い。

教育

現在の教育は人類愛を教えるが、その範囲が狭い。同一民族、同一国民の間に於てのみ人類愛を教えるが他国民に対してはむしろ、敵慨心を養わせようと勉めている。〔中略〕

新教育は世界を通じて社会の一員としての義務を尽す市民を養成するのを目的とする。月給取を造るために教育は施されなくなる。教育が最早《もはや》敵愾心を養成しなくなる。愛国の精神は拡張されて人類愛の精神となる。〔中略〕

学問の民衆化の結果凡ての小、中、大学は貧民に解放〔ママ〕される。入学競争試験などはない。学校は月給取りを養成するところでないから免状のため勉強する者はない。無益な競争がなくなる結果、脳力の節約、集中が出来る。教育の根本精神が一変する。

一日四時間の労働

従来の人間が八時間働いて生活し得る状態は一変して四時間働けば社会に対する義務が完全に遂行出来るようになる。故に残余の時間は精神修養、誤楽〔ママ〕、交際等に費やすことが出来る。誤楽〔ママ〕を欲しないものは学術の研究に耽るもよい、芸術を学ぶもよい。〔中略〕

機械力の増進により世の中はいよいよ多忙になると正反対に人間は益々時間に余裕が出来る。現在は人間が機械の真似をしているのである。甚しきは人間が馬や牛の代用をしている。百年後にはいかなる物でも人力を用いないで機械で出来る。

読書界

趣味の向上、知識の普及、道徳の進歩は読書界に影響を及ぼさないではいない。書物の選択が厳重になり、不健全な、低級な書物は漸次淘汰される。故に書物の発行も追々その数を減ずる。ただ良書のみ歓迎されるから非常の売行で著者は良書を一つ著述すれば一生の生活費は取れるが、杜撰な書物を出せば一回で信用を失墜し、文壇から永久に葬られる。〔中略〕

読者は書物や、雑誌にある論文、記事を著者の肩書によって判断しない。真価値によって判断する。百年後の読書子は何人でも、かかる判断力を有するようになる。新聞も内容が次第に変って来る。家庭の私事を暴くような記事は喜ばれないで反感を起させる。また硬派の記事でも陰謀、術策を本位とする職業政治家の動静などは書いても誰も読まない。何等の感興をも惹起しないのである。また斯る低級な職業政治家もいなくなる。政治思想の普及の結果、政治は公明正大でなければならない。陰謀を事とする政治家はたちまち政治社会から葬られる。新聞は社会の反映である以上、政治の公明正大な事が記事の上に現われる。

岡本は右記の内容について、「これはすべて現在の諸事象に立脚した想像であって決して夢想でも、空想でもない。実現される可能性は十分にあるものである」と述べている。しかし、ここで挙げたことに関しては、残念ながらいずれも実現していない。

婦人の地位、教育、労働時間については、制度面において大きな変化が戦後にあった。実際、女性参政権が実現し、教育制度が改革され、労働基準法も制定された。それでも、岡本の理想にはほど遠い。また、読書界については、読者のレベルが岡本の言うほど高まったとは言えない。

彼の描いた世の中については、今の基準で見ても理想が高すぎる感はある。それでも、いずれの記述も非常に示唆に富んでいる。婦人の地位向上や教育の進化が世界平和にもつながるという見方、読書界の進歩が健全な政治をもたらすといった考えは興味深い。ユートピア的ではあるものの、当時の社会が抱えていたさまざまな問題を解決し、より良い社会をつくりたいという彼の強い思いが滲み出ている。

岡本は、これらの理想を実現することができるかどうかは、まず学問の機会均等が成されるか否かにかかかっていると述べている。社会を変えるには、知識の普及によって民衆が覚醒しなければならないということである。当時は、まだ経済的な事情から十分な教育機会を得られない人が多かった。そうした状況でありながらも岡本は、「世界の傾向は漸次本論の予言通りに進んで行く事は何人も否むことは出来ない」と結んでいる。

一〇〇年を経た今日、教育格差はまだ問題として残っているものの、当時に比べれば大いに縮小されたと言えるだろう。予言の詳細はともかく、岡本が描いた「理想の世界」に向かって、遅まきながら世の中が歩を進めていると信じたい。

おわりに

今日、日本で一〇〇歳以上の高齢者は約七万人に上る（二〇一八年九月一五日時点で六万九七八五人）。高齢化の進展で、三桁の年齢となる日本人は珍しい存在ではなくなった。一〇〇年というスパンが人の寿命の範囲内に収まると考えると、一〇〇年前の世の中もそれほど遠くないように思える。

この一〇〇年の間には「戦争」という大きな節目があり、ここを境に日本社会の仕組みは大きく変わった。科学技術の進歩は時代を下るにつれて加速し、一世紀前には想像すらできなかった事物が現代社会には溢れている。

では、日本人自体はどれだけ変化したのだろうか。社会システム、環境の劇的な変化を思えば、それに応じて人々の考え方や行動が大きく変わったとしても不思議ではない。しかし、本書で見てきたとおり、一〇〇年前の人々が残した書物をひもといていくと、必ずしもそうとは言えないことが分かる。

当時の論者の言葉のなかには、時代の違いを感じさせる記述がある一方で、今でもそのまま通用するような指摘も多い。まったく違和感なく受け入れられる言葉すらある。今日も、さまざまな論者が日本人についての印象や評価を述べているが、それらを読んでいると、一〇〇年前の論者が語ったことをただ準《なぞら》えているようにすら思えてしまうこともしばしばだ。現在も昔と同じ指摘がなされているということは、ある面において、当時の問題が今なお解決されていないということでもある。

この一〇〇年の間に制度改革が行われてきたにもかかわらず、その制度下で活動する人々が昔と同じようなことをしている。一〇〇年前に指摘され、改善への動きがはじまったはずなのに、現在に至っても同じ問題に苦しむ人がいる。こうした事実は、いったい何を物語っているのだろうか。今一度考えてみる必要がある。今日の日本が抱えるさまざまな課題を読み解いていくためには、単に現状を直視するだけでなく、時間を遡ったところから捉え直す姿勢も必要ではないだろうか。

最後に、詩人の室生犀星《むろうさいせい》（一八八九～一九六二）が一〇〇年前に記した「百年後」という詩を紹介して結びとしたい。

百年後

よいものを書く人も
悪いものを書く人も
そしてふるひにかけられて陥《お》ちる人も
後世に殘るものも
それらは何も彼もみな百年經てば解る、
かう友だちが言つてきかせたが
全く今から百年經つたら何も彼も解るだらう。
が、わたしの考へたことはその百年後に
どこかに苗のやうな蒼白い顔をして
そしてもう一遍この世の有様をさし覗くことができないだらうか
この世はどのやうに變化《かわ》つてゐて
どのやうな有様をしてゐるだらうか。
自分の子供のつぎの子供の
そのまた次ぎの子供の世に

こんなにまで生きることを考へたわたしどものことを
その子供は吹き出して微笑《わら》つてしまふだらうか、
わたしだちの書物は一つも殘つてゐなくてそして途方もない新しい壯《さか》んな書物が
今よりもつと賑やかにその世に現はれてゐることだらうか。

（『高麗の花』一九二四年所収）

日々大量の出版物が世に出されている今日、書物の良し悪しは一〇〇年どころでなく、出版から間もなくしてその判断が下される。評価すらされることなく消えていく作品も無数にある。一〇〇年前に出版された書物は、今に比べるとその点数は格段に少ない。それでも、さして注目されることなく埋もれていった作品は数多くある。

犀星は、一〇〇年前に「わたしの考へたことはその百年後に　どこかに苗のやうな蒼白い顔をして　そしてもう一遍この世の有様をさし覗くことができないだらうか」と述べた。彼の期待は、奇しくも本書で現実のものとなった。犀星にかぎらず、一〇〇年前の論者の言葉は、一〇〇年後の世の中でも生きている。そして、「もう一遍この世の有様をさし覗」いている。

なお、本書の執筆に際しては、前作に続き株式会社新評論の武市一幸さんに大変お世話になった。この場を借りて感謝申し上げたい。

参考文献一覧

・青柳有美『女の裏おもて』昇山堂、一九一六年
・青柳有美「女子大罵倒論」『中央公論』28巻9号、一九一三年
・青柳有美『新世の中』弘学館書店、一九一八年
・安芸喜代香『通俗 教育道話 第七』大日本雄弁会、一九一九年
・安楽兼道「悪徳新聞記者の取締」『日本警察新聞』280号、一九一三年
・暁烏敏『死の国々』香草舎、一九二五年
・鯵坂国芳『教育改造論』集成社、一九二〇年
・飯田旗郎『ざつくばらん』南北社、一九一七年
・飯塚正一『最近体育上の諸問題』警眼社、一九一八年
・石井満『婦人に味方して』三田書房、一九二一年
・石黒あさ『自覚主義の教育』開発社、一九一九年
・石山賢吉『現代重役論』ダイヤモンド社、一九二六年
・伊藤整『日本文壇史1 開化期の人々』講談社文芸文庫、一九九四年
・伊東米治郎「余の既往の実験に鑑みて 實業青年に注意したき處世上の心得」『実業の日本』25巻22号、一九二二年
・井上哲次郎『国民道徳概論』三省堂、一九一六年

・今岡純一郎「青年の教養常識法如何」『実業の日本』24巻13号、一九二一年
・浮田和民「婦人界の新思潮に對する官憲の取締」『中央公論』28巻7号、一九一三年
・エズラ・ヴォーゲル『ジャパン・アズ・ナンバーワン』阪急コミュニケーションズ、一九七九年
・江森一郎『体罰の社会史〈新装版〉』新曜社、一九八九年
・大隈重信『現代青年に告ぐ』内外出版協會、一九一九年
・大倉幸宏『「衣食足りて礼節を知る」は誤りか——戦後のマナー・モラルから考える』新評論、二〇一六年
・大迫元繁『青年に訴ふ』実業之日本社、一九二三年
・大浜孤舟『暗黒面の社会：百鬼横行』新興社、一九二六年
・大町桂月「苦める人に告ぐ」『学生』3巻6号、一九一二年
・大町桂月『大正青年訓』大日本勧学会、一九一七年
・岡本鶴松『異国の華を尋ねて』福永書店、一九二六年
・荻野仲三郎編『園田孝吉伝』秀英舎、一九二六年
・奥田義人『学生論』実業之日本社、一九一六年
・尾崎行雄『向上論』国民書院、一九一六年
・海後宗臣・仲新・寺﨑昌男『教科書で見る近現代日本の教育』東京書籍、一九九九年
・片山哲「非社會化の法律」『中央法律新報』第4年2号、一九二四年
・勝間和代・香山リカ『勝間さん、努力で幸せになれますか』朝日新聞出版、二〇一〇年
・香山リカ『しがみつかない生き方』幻冬舎、二〇〇九年

・河上謹一「學窓を出で、實業に就かんとする青年に告ぐ」『実業の日本』21巻14号、一九一八年
・河村碧天『頬杖つきて』防長医薬評論社、一九二六年
・菊池謙次郎「議員の素質は非常に下落した」『新使命』2巻3号、一九二五年
・「現代新聞紙の頽廃的傾向――行詰った局面を打開せよ」『新天地』6巻11号、一九二六年
・礫川全次『日本人はいつから働きすぎになったか』平凡社新書、二〇一四年
・公益財団法人日本生産性本部「労働生産性の国際比較（二〇一七年）」二〇一七年
・厚生労働省「過労死等防止対策白書（二〇一八年）」二〇一八年
・厚生労働省「就労条件総合調査の概況（二〇一八年）」二〇一八年
・厚生労働省「人口動態統計月報年計（概数）の概況（二〇一七年）」二〇一八年
・国立青少年教育振興機構「高校生の生活と意識に関する調査（二〇一四年度）」二〇一五年
・後藤新平『自治の修養』東亜堂、一九一九年
・小林鶯里『新聞を読む基礎の知識』文芸社、一九二六年
・小松緑『世界を一周して』中外新論社、一九二一年
・斎藤薫雄『教育生活と体験』目黒書店、一九二五年
・酒井不二雄『動的人格の修養』啓文社書店、一九二一年
・佐野克己『時間及疲労を省く工場と労働』西川精文館、一九一九年
・佐野袈裟美『社会改造の諸問題』日本評論社出版部、一九二〇年
・澤柳政太郎『随感随想』富山房、一九一五年
・澤柳政太郎『中学修身書〈巻3〉』同文館、一九二三年

・澤柳政太郎『野心論』実業之日本社、一九一六年
・三田谷啓『外へ外へ』洛陽堂、一九一五年
・志垣寛『教育教授の没落』厚生閣、一九二五年
・志村源太郎「実業界に入らんとする青年に告ぐ」『世界之日本』4巻7号、一九一三年
・主婦の友社編『幸福のヒント――「主婦の友」90年の知恵』主婦の友社、二〇〇六年
・正田貞一郎「余が多忙中の読書法」『実業の日本』28巻16号、一九二五年
・初等教育研究会編『子供の震災記』目黒書店、一九二四年
・白井規一『青年期男女の心理研究』目黒書店、一九二〇年
・白石元治郎「欧米人と日本人の常識比較」『実業の日本』24巻13号、一九二一年
・鈴木易三『現代致富成功法』福生書院、一九二二年
・鈴木画一郎『驚き入つた母国の社会』二松堂書店、一九二三年
・関守造『実業家之自覚』石川文栄堂、一九一四年
・総務省統計局『日本長期統計年鑑』日本統計協会、一九八七～一九八八年
・添田壽一『応用経済一家の基礎』大学館、一九一四年
・大日本雄弁会講談社編『大正大震災大火災』大日本雄弁会講談社、一九二三年
・高木友三郎「詭弁の政治より論理と事実の憲政へ」『新使命』3巻5号、一九二六年
・高島米峰『悪戦』丙午出版社、一九一一年
・高橋是清『立身の経路』丸山舎、一九一二年
・田川大吉郎「憲政は人材推挙の政治也」『一大帝国』2巻2号、一九一七年

・武田櫻桃「百年後の東京」『少年世界』20巻6号、一九一四年
・田中文蔵「社員採用の三大方針」『実業の日本』20巻9号、一九一七年
・田淵豊吉「議会は腐敗堕落の極」『新使命』2巻3号、一九二五年
・帝国法制研究会編『借金利用の妙諦』芳文閣、一九二五年
・東京就職通信社編『各種事務員就職案内』有明堂書店、一九一四年
・内閣府「我が国と諸外国の若者の意識に関する調査（二〇一三年度）」二〇一四年
・永井亨『国民精神と社会思想』巌松堂書店、一九二四年
・永沢道雄『大正時代』光人社、二〇〇五年
・中島力造『道徳と経済』富田文陽堂、一九一五年
・永嶺重敏『〈読書国民〉の誕生』日本エディタースクール出版部、二〇〇四年
・西川三五郎『立憲的教育施設の実際』以文館、一九一四年
・西野恵之助「強制的に休日を定めよ」『実業の世界』23巻11号、一九二六年
・西山哲治『悪教育之研究』弘学館書店、一九一三年
・野依秀一「欧米人に比較して、日本人は『生活』を知らぬ国民」『実業の日本』23巻12号、一九二六年
・長谷川如是閑「流言蜚語はどうして起るか」『婦人之友』17巻10号、一九二三年
・鳩山春子『婦人生活の改善』先進堂、一九二〇年
・速水融『歴史人口学で見た日本』文春新書、二〇〇一年
・速水融編『歴史のなかの江戸時代』藤原書店、二〇一一年
・春原昭彦『日本新聞通史〈四訂版〉』新泉社、二〇〇三年

・半田勇「商店衛生から見て急務中の急務」『実業の世界』23巻11号、一九二六年
・樋口麗陽『破青年訓』実業之世界社、一九一二年
・平井晩村『読書の趣味と其方法』国民書院、一九一六年
・廣井脩『流言とデマの社会学』文春新書、二〇〇一年
・平塚らいてう『現代と婦人の生活』日月社、一九一四年
・平塚らいてう「世の婦人達に」『青鞜』4巻4号、一九一三年
・広岡浅子「指導者の覚醒」『婦人週報』3巻14号、一九一七年
・樋渡廣「合理的体罰肯定」『教育研究』213号、一九二〇年
・福井孝治『今の政治を何と見る』国風社出版部、一九二五年
・藤井誠二『体罰はなぜなくならないのか』幻冬舎新書、二〇一三年
・藤山雷太「《社員採用の標準》三つの問題」『実業の世界』15巻7号、一九一八年
・「婦人の働きを呪ふ習慣」『女性日本人』2巻10号、一九二一年
・二荒芳徳『改造物語：欧洲大戦みやげ』白水社、一九一九年
・船尾榮太郎「多忙生活者の読書法」『実業の日本』29巻21号、一九二五年
・文化庁「『国語に関する世論調査』の結果の概要（二〇一三年度）」二〇一四年
・星島二郎「過激法にも優る過酷取締令」『中央法律新報』第4年2号、一九二四年
・細井和喜蔵『女工哀史』改造社、一九二五年
・本多數馬『現代の日本と婦人の任務』忠愛堂書院、一九一八年
・前田愛『近代読者の成立』岩波書店、一九九三年

・牧野英一「流言浮説取締令に就て」『中央法律新報』第4年2巻、一九二四年
・増田義一「現代青年の解剖」『実業の日本』25巻22号、一九二二年
・増田義一『青年出世訓』実業之日本社、一九二五年
・松本幹一朗「《社員採用の標準》神経質を排す」『実業の世界』15巻7号、一九一五年
・宮崎かすみ『差異を生きる』明石書店、二〇〇九年
・宮田暢『區政春秋』東京公論社、一九三二年
・宮武外骨編『震災画報 第1冊』半狂堂、一九二三年
・宮武外骨編『震災画報 第6冊』半狂堂、一九二三年
・宮本常一『村の若者たち〈復刻版〉』家の光協会、二〇〇四年
・村岡恒利『従業の道』宮本武林堂書店、一九一八年
・室生犀星『高麗の花』新潮社、一九二四年
・望月潔「國民の實生活に冷淡なる政治家・新聞社・事業家に與う」『事業と広告』2巻2号、一九二六年
・山崎延吉『我が青年及青年団』裳華房書店（他）、一九一五年
・山崎藻花『凡人の処世策』千章館、一九一四年
・山下信義・村田太平『一事貫行真髄』大成協会、一九二一年
・湯原元一『教育及教育学の改造：実際的教育の主張』岩田僊太郎、一九一六年
・与謝野晶子『砂に書く』アルス、一九二五年
・与謝野晶子『心頭雑草』天佑社、一九一八年
・与謝野晶子『女人創造』白水社、一九二〇年

・与謝野晶子『人及び女として』天弦堂書房、一九一六年
・吉岡彌生「職業としての女医」『中央公論』28巻9号、一九一三年
・吉野作造「小題小言六則」『中央公論』37巻1号、一九二二年
・立憲青年自由党『国賊大阪朝日新聞』一九一八年
・Reporters Without Borders, ‘2019 world press freedom index’ https://rsf.org/en/ranking/2019.
・World Economic Forum, ‘The Global Gender Gap Report”, 2018.

・『大阪朝日新聞』一九一六年一月三日、一九二三年三月二八日
・『大阪毎日新聞』一九二五年二月二三日
・『東京朝日新聞』一九二二年一〇月二一日、一九二四年一〇月二六日、一九二五年四月一〇日・四月三〇日・一二月三一日、一九二六年二月九日・一一月一五日
・『讀賣新聞』一九一五年六月一六日、一九二三年六月一日、一九二四年三月二八日、一九二五年七月三〇日、一九二六年一月二〇日・一一月九日

著者紹介

大倉幸宏（おおくら・ゆきひろ）

1972年、愛知県生まれ。新聞社、広告制作会社勤務等を経て、現在はフリーランスのライター。著書に『「衣食足りて礼節を知る」は誤りか ——戦後のマナー・モラルから考える』、『「昔はよかった」と言うけれど ——戦前のマナー・モラルから考える』（以上、新評論）、『レイラ・ザーナ——クルド人女性国会議員の闘い』〔共編〕（新泉社）がある。

100年前から見た21世紀の日本
—大正人からのメッセージ

2019年10月15日　初版第1刷発行

著　者　大　倉　幸　宏
発行者　武　市　一　幸

発行所　株式会社　新　評　論

〒169-0051
東京都新宿区西早稲田3-16-28
http://www.shinhyoron.co.jp

電話　03(3202)7391
FAX　03(3202)5832
振替・00160-1-113487

落丁・乱丁はお取り替えします。
定価はカバーに表示してあります。

印刷　フ　ォ　レ　ス　ト
製本　中　永　製　本　所
装丁　山　田　英　春

ISBN978-4-7948-1135-6

好　評　既　刊

ヨーラン・スバネリッド／鈴木賢志＋明治大学国際日本学部鈴木ゼミ編訳

スウェーデンの小学校社会科の教科書を読む

日本の大学生は何を感じたのか

民主制先進国の小学校教科書を日本の大学生が読んだら…？
「若者の政治意識」の生成を探求する明治大学版・白熱教室！

［四六並製　216頁　1800円　ISBN978-4-7948-1056-4］

アーネ・リンドクウィスト＆ヤン・ウェステル／川上邦夫 訳

あなた自身の社会

スウェーデンの中学教科書

子どもたちに社会の何をどう教えるか。最良の社会科テキスト。
皇太子さま45歳の誕生日に朗読された詩『子ども』収録。

［A5並製 228頁 2200円　ISBN4-7948-0291-9］

村山朝子

『ニルスのふしぎな旅』と日本人

スウェーデンの地理読本は何を伝えてきたのか

日瑞外交樹立150年・『ニルス』初邦訳100周年記念！世界中で愛され続ける冒険譚と私たちの出会いの意味。

［四六上製　208頁+カラー口絵八頁　2500円　ISBN978-4-7948-1070-0］

入江公康

現代社会用語集

学生に大人気の講義が本になった！博学多識の社会学者がおくる、「あたりまえ」を問いかえす概念の武器としての決定版レキシコン。

［四六変形並製　208頁　1700円　　ISBN978-4-7948-1070-0］

ミハエル・ナスト／小山千早 訳

大事なことがはっきりするささやかな瞬間

関係づくりが苦手な世代

恋愛、結婚、キャリア…人間関係に悩むドイツの「ロスジェネ」たちの本音をユーモア豊かに、時に辛口に綴る大人気コラム、日本上陸！

［四六並製　240頁　1800円　　ISBN978-4-7948-1125-7］

＊表示価格は税抜本体価格です。